ORGANIZARSE PARA ALCANZAR EL ÉXITO

Stephanie Winston

Organizarse para alcanzar el éxito

Los secretos de los directivos que triunfan

EMPRESA ACTIVA

Argentina - Chile - Colombia - España
Estados Unidos - México - Uruguay - Venezuela

Título original: *Organized for Success*
Editor original: Crown Business, Nueva York
Traducción: María Isabel Merino

Aribau, 142, pral. - 08036 Barcelona
www.empresaactiva.com
www.edicionesurano.com

ISBN: 84-95787-79-2
Depósito legal: B - 23.807 - 2005

Fotocomposición: Zero pre impresión, S. L.
Impreso por Romanyà Valls, S. A. - Verdaguer, 1
08786 Capellades (Barcelona)

Impreso en España - *Printed in Spain*

A mis cinco compañeros en la fortuna y la adversidad:
Dinah y Terry, Marnie, Norma y Sanford

Agradecimientos

Es difícil empezar a dar las gracias cuando tantas personas han dado generosamente su tiempo, sus ideas y sus esfuerzos en beneficio de *Organizarse para alcanzar el éxito*.

En primer lugar, por supuesto, están los ejecutivos sobre cuyas ideas y extraordinaria productividad descansa este libro. Muchísimas gracias por su tiempo, su sabiduría y su auténtico interés en hacerme partícipe de su experiencia. ¡Nadie les había preguntado esas cosas antes!

Muchas personas me facilitaron el acceso, muy amablemente, a estos ejecutivos, entre ellas: Marsha Albert, Julane Borth, Natalie Goldberg, Amy Hohn, Dinah y Fred Lovitch, Hadassah Markson, Karen Page y Dee Soder.

Uno de los mayores privilegios al preparar *Organizarse para alcanzar el éxito* fue la estimulante oportunidad de explorar y desarrollar nuevas ideas con numerosos amigos y colegas. Estas personas, con sus agudas mentes y sus deseos de apoyarme y apoyar el libro, aportaron más de lo que ellos creen: Marsha Albert, Mark Chimsky, Barry Greisman, Lorie Greisman, Beth Lovitch, Dina Lovitch, John Tepper Marlin, Karen Pase, Terry Pickett, Tom Ranieri, Sanford Schmidt y Carole Sinclair.

Quiero dar las gracias, especialmente, a tres personas que están en el centro de esta empresa: mi editora, Annik LaFarge, por su inagotable interés, su respaldo y su entusiasmo por hacer otra sesión más, para darle vueltas a las ideas, que fueron ejemplares; Nan Bauroth, escritora/editora y amiga, cuenta con mi enorme reconocimiento por su importante orientación y excelente criterio y, en términos superlativos, como siempre, a la persona que me ha guiado para encontrar mi camino a través de más marañas de las que puedo contar, mi colega, prima y amiga Marnie Winston-Macauley.

Me gustaría hacer mención especial de Michele Jaffe, que ha preparado y mecanografiado este manuscrito con precisión y sin cansancio a lo largo de sus muchas variaciones. Un ramillete de gracias. Y gracias, también, a Allison Futterman por toda su ayuda en la administración y la correspondencia.

Muchas gracias a mi agente, Carole Sinclair, que lanzó *Organizarse para alcanzar el éxito* y lo ha acompañado a lo largo de todo el camino. Muchas gracias, también, al equipo de Random House, a mi editora Annik LaFarge, John Mahaney, editor ejecutivo de Crown Business, la directora de publicidad Tara Gilbride, el publicista sénior Jason Gordon, el editor de textos David Wade Smith y el director de ventas Doug Jones.

Índice

PARTE II
LAS HERRAMIENTAS DEL ÉXITO

Cómo se organizan los ejecutivos triunfadores mediante listas de cosas por hacer, agendas de todo tipo, el teléfono y la tecnología

PARTE III
GESTIÓN DE LAS TAREAS
Y DEL TIEMPO DE LOS EJECUTIVOS

PARTE IV
CÓMO USAR LAS ESTRATEGIAS DE LOS DIRECTORES GENERALES EN SU PROPIO TERRENO

Introducción

«Al principio de mi carrera pensaba que la organización acabaría con mi creatividad. Sin embargo, ahora pienso lo contrario. La disciplina es el cemento que te permite ser creativa.»

VERNA GIBSON
ex presidenta y directora general de
The Limited/Victoria's Secret

Durante los últimos veinte años he trabajado con empresas grandes y pequeñas para desarrollar técnicas y estrategias que ayudaran a directivos y profesionales a instaurar la organización en un ambiente de trabajo agobiante. También he estudiado la moderna tecnología —ordenadores, PDAs, correo de voz, correo electrónico— con el fin de desarrollar métodos que permitan a la gente organizarse en su lugar de trabajo, con frecuencia caótico y sometido a un ritmo cada vez más rápido.

Sí, la verdad es que todo junto es demasiado. Todos los días encuentro directivos que me dicen que trabajan en empresas con tan pocos recursos humanos y tan centradas en la productividad que sienten que les exigen que realicen dos o incluso tres trabajos. «No doy más de mí», suelen decir, lo cual revela la creciente tensión que provocan las exigencias de su puesto.

Un día se me ocurrió una idea sorprendente e interesante. De repente me di cuenta de que después de todos los años de consultoría con personas que dependían del jefe máximo, ninguno de los directores generales que han subido desde abajo en una gran empresa me había pedido nunca que le ayudara a organizar su tiempo ni a establecer prácticas de organización.*

Y no es que dispusieran de más tiempo durante el día que usted o que yo. Ese hecho despertó mi curiosidad. Sin duda, todos los directivos de cualquier nivel —incluyendo los directores generales— se enfrentan cada día a los mismos retos fundamentales para gestionar su tiempo y organizarse y deben afrontarlos a la velocidad distorsionada a la que la mayoría de empresas trabajan hoy. Entonces, ¿cómo es que nunca han requerido mis servicios esos directores generales que han subido desde abajo? ¿Cómo consiguen hacer tanto en tan poco tiempo? ¿Saben algo que los demás ignoramos? ¿Poseen técnicas y aptitudes personales para la organización que no comparten el resto de los mortales y que, incluso en medio de la revolución digital, les otorgan una fuerza especial? Supuse que muchos directores y profesionales estarían interesados en averiguar los secretos del control del tiempo y de la organización de los ejecutivos que han alcanzado el éxito. Decidí estudiar la cuestión y este libro es el resultado.

Al principio di por sentado que la mayoría de los ejecutivos de alto nivel estarían organizados funcionalmente, de lo contrario no habrían logrado llegar a la cima.

* Observen que cuando en este libro hablo de los estilos de trabajo de los directores generales como grupo, me refiero a los que se abrieron paso desde abajo y no a los empresarios que dirigen las empresas que ellos mismos fundaron o cofundaron. Por extraño que parezca, todos los directores generales que han subido peldaño a peldaño que conozco comparten una organización y un estilo de gestión del tiempo sorprendentemente similares, mientras que los nuevos empresarios son más individualistas. Pero todos los ejecutivos de alto nivel ofrecen muchas ideas valiosas.

Sin embargo, lo que no preveía es que en realidad algo se oculta en la capacidad de organización y de gestión del tiempo entre los que ocupan los más altos cargos de las principales organizaciones. En muchos sentidos significativos, la verdad es que funcionan de forma diferente al resto de nosotros. Y lo apasionante es que sus técnicas son muy adaptables, en términos tanto de disciplina organizativa práctica como de la disciplina mental subyacente; una mentalidad decididamente estratégica que tiene su origen en su disposición para tomar decisiones y su capacidad para no perder de vista el objetivo.

Pero también estoy aquí para hablar de otro descubrimiento, algo que, incluso con mis veinte años de experiencia en la organización de lugares de trabajo, no esperaba encontrar: los directores generales que ascienden dentro de las principales corporaciones parecen compartir, en todos los sectores, una especie de «actitud de eficacia» que aúna seis estrategias de organización orientadas a la acción.

Nadie ha observado realmente la organización de esta manera. En este libro he intentado identificar y cuantificar esas prácticas organizativas fundamentales propias de los directores generales y superejecutivos, y convertirlas en técnicas prácticas que le permitirán adaptar las ideas de los ejecutivos a su propio estilo de gestión, para aumentar así su propio potencial para alcanzar el éxito. Usted quiere contribuir, quiere triunfar y, *también,* quiere vivir la vida.

Este libro se dirige, asimismo, al directivo que desea promocionarse, que está interesado en aprender cómo los ejecutivos triunfadores han usado las herramientas de organización y gestión del tiempo de una forma única que les ha ayudado a lanzarse hacia el siguiente nivel de éxito, para ampliar de forma importante su capacidad para ser poderoso y eficaz dentro de su propio ambiente de trabajo.

Mis conclusiones se basan en una combinación de entrevistas y discusiones sobre muchos temas con más de cuarenta ejecutivos de alto nivel, pertenecientes a todos los campos empresariales, así como en un exhaustivo análisis de información publicada.

Lo bueno para todos nosotros es que esas seis prácticas y disciplinas fundamentales de los ejecutivos son fácilmente adaptables al día a día de los programas de gestión del tiempo de los directores y ejecutivos de cualquier nivel.

Seis estrategias de organización orientadas a la acción

Primera. Tres facetas de la organización y gestión del tiempo de los ejecutivos

1. PERFIL PERSONAL DE LA PRODUCTIVIDAD

Esta faceta de la organización se refiere a cómo salir de la mediocridad, alcanzar una eficacia meteórica y solucionar problemas como los siguientes:

¿Cómo mantengo al día esa cantidad abrumadora de e-mails?

Cada vez que empiezo a ocuparme de mi lista de cosas por hacer, me llama un cliente y me distrae.

Parece como si me interrumpieran novecientas veces al día y tengo que hacer mi trabajo. ¿Hay alguna técnica para controlar las interrupciones?

Voy más y más rápido cada día, pero parece que nunca consigo llevar a cabo lo prioritario.

Este libro le enseñará que unas sencillas opciones tácticas —las herramientas de la productividad— le prestarán una enorme ayuda para alcanzar sus objetivos. Por ejemplo, en el capítulo que trata del correo electrónico, destaco las tácticas empleadas por un director que redujo el número de los mensajes de los que se ocupaba en un cincuenta por ciento. Imagine el tiempo que ganó para centrarse en las tareas verdaderamente fundamentales que tenía entre manos y el estímulo psicológico que conseguía al eliminar tantos mensajes de su bandeja de entrada.

Tim Chamberlain, socio gerente de Beverly Interiors, de Dallas, explica en la página 193 que codificar con colores las carpetas de los clientes le ayudó a salir de las arenas movedizas de la gestión del tiempo.

2. DE CÓMO LOS EJECUTIVOS CONVIERTEN LAS INTERRUPCIONES, LAS REUNIONES Y LOS CONTACTOS CASUALES EN ORO

Con la faceta 2, las tácticas de los ejecutivos empiezan a dar un giro extraño e inesperado.

Me quedé absolutamente estupefacta al descubrir que la mayoría de los ejecutivos no consideraban las reuniones, las interrupciones, los contactos casuales y frecuentes del tipo «¿tienes un minuto?» que salpimentaban su día como débitos que les restaran tiempo, sino como activos, como oportunidades que enriquecían su tiempo.

Veamos un ejemplo: Un profesional del mundo editorial al que entrevisté lleva varias veces a la semana, en persona, materiales diversos al departamento de producción sólo para tener la oportunidad de detenerse y recoger algún comentario sagaz de una persona y un «oye, ¿puedes echar una ojeada a esto?» de otra.

Esas estrategias de trato entre compañeros —que, como descubrí, son el corazón mismo del empeño organizador de los ejecutivos— pueden convertir los contactos casuales del día en oro.

3. CÓMO EJERCER INFLUENCIA. LAS TÉCNICAS DE ORGANIZACIÓN QUE PROPULSARÁN SU CARRERA HACIA LA CIMA

La tercera faceta es una sorpresa enorme, que hace saltar por los aires unos cuantos mitos. Durante mis conversaciones con los ejecutivos empezó a tomar cuerpo una idea imprecisa.

Además de los poderosos mecanismos de las facetas uno y dos, empecé a pensar que había un factor «x», una tercera faceta; un conjunto de habilidades de organización excepcionalmente refinadas que inspiraba la organización cotidiana de los ejecutivos de alto nivel.

A este confuso aspecto de la organización lo llamo «ejercer influencia».

En esencia, se trata del proceso de sobrealimentar cada encuentro casual —ese pasarse por un sitio, preguntar algo, etc.— con nueva energía.

Con el paso de los días, semanas, meses y años la energía acumulada de estos contactos bien nutridos —siempre, claro, que los demás factores sean iguales— ayudará a impulsar a un director hacia la cima. Desarrollo el concepto en el capítulo 14, *Cómo usar las estrategias de los directores generales en su propio terreno*.

Segunda. Tres poderosas herramientas de los ejecutivos

Los directivos y ejecutivos de alto nivel desean que sus actividades diarias produzcan los máximos resultados y ese deseo surge de otro conjunto de características, arterias, si se quiere, que recorren todas sus actividades.

1. **El imperativo de la toma de decisiones.** Puede que el atributo clave de las personas en la cima es que son decisivas. Pero hay una pega. Por lo general, las grandes

decisiones se toman mediante un largo proceso de consenso, que no se parece en nada a la imagen de *Llanero Solitario* que la mayoría imagina.

El imperativo de la toma de decisiones se expresa sobre todo, cada día, en la faceta número uno; no se dejan papeles encima de la mesa, ni correo electrónico en la bandeja de entrada, porque esas decisiones se toman sobre la marcha, en tiempo real.

Describimos el núcleo de este proceso de toma de decisiones en el capítulo uno: *El implacable papeleo. Cómo se las arreglan los ejecutivos para tener la mesa limpia.*

2. **Centrarse, centrarse y centrarse.** Sorpresa. Es una opinión generalizada que la prueba definitiva de una lumbrera de la gestión es su capacidad para realizar múltiples tareas al mismo tiempo, pero mis estudios no respaldan esa opinión. Los que han llegado a la cima en una de las corporaciones de la lista Fortune 500 apenas practican las «multitareas».

   Por el contrario, algo intrínseco al estilo ejecutivo es su capacidad para mantener una especie de rayo láser enfocado —aunque sólo sea unos minutos o segundos seguidos— en la tarea que tienen delante, hasta que la completan. Tienen la clara habilidad de evitar las distracciones. A guisa de ejemplo de esa concentración absoluta, Bill Gates ni siquiera lee mientras pedalea en su bicicleta estática.

3. **No apartar los ojos del premio.** Los ejecutivos de alto nivel se caracterizan por su capacidad de tener siempre presentes unas cuantas prioridades dominantes, en torno a las cuales organizan sus actividades cotidianas.

   Hay dos tipos de prioridades en el léxico de los ejecutivos: las tareas importantes que les preocupan día a día, cada semana y cada año; y también, e igualmente importantes, las tareas prioritarias. Por ejemplo, toda la carrera de Jack Welch ha estado imbuida por un tema personal: cultivar la relación con los mejores.

El hilo argumental de *Organizarse para alcanzar el éxito* es el análisis de cómo los más expertos ejecutivos consiguen un equilibrio productivo entre las presiones y las tareas diarias y sus prioridades más amplias.

Encontrar el propio camino en la gestión del tiempo

Una de las grandes aptitudes comunes a los ejecutivos de alto nivel es su capacidad para transmitir sus conocimientos. Pero como no pueden hablar con usted directamente, han elegido este libro como vehículo para que se beneficie de sus herramientas, sus secretos y estrategias para gestionar el tiempo.

Una de las lecciones clave es que no todo el mundo usa la misma talla. En este libro, averiguará cómo los ejecutivos de éxito descubrieron qué herramientas, tácticas y estrategias fueron mejores para ellos y luego, partiendo de esa información, crearon su camino personal a la eficacia.

Tomemos una idea sencilla: cómo usar su mejor momento del día con inteligencia. Varios ejecutivos explicaron que habían logrado un enorme aumento de productividad cuando identificaron su mejor momento del día... y de las hábiles estratagemas que encontraron para reservarse una hora de energía en la que poder llevar a cabo sus tareas prioritarias y más difíciles.

La moraleja, en frase de Luke Corbett, director general de Kerr-McGee, es «Sé tú mismo». Tómese muy en serio el mensaje del señor Corbett cuando quiera diseñar su propio perfil de organización. Juegue con sus mejores cartas y compense aquello en lo que no es tan fuerte, a fin de crear un conjunto ejecutivo completo.

Desde el día en que los ejecutivos de alto nivel empiezan a trabajar, en el nivel más bajo, ven en su empleo un medio para desarrollar su propio potencial así como el de la compañía. Y tanto si aspira a llegar a la cima como si, sencillamente, desea mejorar su productividad en el puesto que ocupa en este momento, puede usar la información que encontrará aquí para mejorar su productividad y *multiplicar* el tiempo.

Al adaptar las tácticas de los ejecutivos a sus necesidades, actuará como director general en su propio campo.

Para poner las cosas en marcha, hay un secreto más que he aprendido de los directores generales y que usted puede empezar a usar hoy, sin importar cuál sea su ámbito de trabajo. Lo llamo «Libro de capturas».

En esencia, se trata de un pequeño cuaderno que muchos ejecutivos de alto nivel llevan siempre consigo o guardan en sus escritorios para anotar números de teléfono, preguntas, ideas, fuentes, etc., según van surgiendo. Para otros ejecutivos, se parece más a un libro de «ideas».

Richard Branson, fundador de Virgin Companies, ha reunido más de cien de estos cuadernos a lo largo de los años y dice que nunca se deshará de ellos. Sabe que estos registros espontáneos de reuniones creativas, intereses diversos, posibles recursos e ideas son un activo de un valor incalculable.

Cómo usar este libro para crear su perfil personal de productividad ejecutiva

Organizarse para alcanzar el éxito es suyo, así que úselo del modo que más le beneficie. Yo le aconsejo que primero lo lea de principio a fin y que utilice el índice como mapa de carreteras. Marque con una señal los capítulos que traten o aborden un tema de interés o de prioridad personales.

A continuación, adapte y adopte las ideas que más puedan influir en su productividad personal, empezando por el primer capítulo que haya señalado. Por ejemplo, si el correo electrónico representa un enorme problema para usted, entonces empiece por ahí y cerciórese de realizar los ejercicios que indico para llevar a la práctica las estrategias que tengan sentido para usted. Al usar esas técnicas, propias de los ejecutivos, en su propio terreno, empezará a asumirlas y a cambiar sus actitudes y su eficacia en el ámbito de la organización y la gestión del tiempo.

Para darle un impulso inicial a sus ideas, aquí tiene un resumen de las preguntas que he tratado de responder sobre la vida oculta de la organización y la gestión del tiempo de un director general triunfador:

¿Cómo consiguen hacerlo todo cada día?

¿Cómo evitan que las interrupciones los desborden?

¿Por qué sus mesas y sus bandejas de entrada de e-mails están casi siempre vacías?

¿Cómo encuentran lo que necesitan, cuando lo necesitan?

¿Cómo consiguen que sus reuniones sean productivas y cómo impiden que descarrilen?

¿Qué tácticas ponen en práctica para llevar a cabo sus prioridades y no desviarse de las cosas más importantes?

¿Cómo consiguen ser mejores en menos tiempo?

¿Qué estrategias aplican para delegar de forma efectiva?

Nueve tácticas de organización y gestión del tiempo de los ejecutivos que han logrado un éxito enorme

Las características distintivas de los directores generales, combinadas con sus prácticas, se resumen en nueve tácticas que forman un perfil ejecutivo en productividad que usted puede moldear para que responda a sus propias necesidades.

FUNDAMENTOS DE LA ORGANIZACIÓN Y GESTIÓN DEL TIEMPO

1. *Termine con los papeles y el trabajo burocrático rápidamente.* Consiga una mesa limpia. El hábito de tomar decisiones combinado con una actitud de compromiso le proporcionarán esa mesa despejada.
2. *Venza la acumulación de e-mails.* Aplique a los e-mails, esa bestia salvaje, un programa de tres puntos para controlarlos: reduzca el número de mensajes que recibe, márquelos según su prioridad y aplíqueles una serie de métodos de eficiencia.
3. *Persista con tenacidad; no deje que se le escape nada por las rendijas.* Combine sistemas sencillos de seguimiento con la determinación —casi una obsesión implacable— de dedicarse a algo hasta terminarlo. Podríamos llamarlo una actitud de bulldog: no lo suelte hasta que esté hecho.
4. *Aumente su eficacia mediante el uso de la tecnología.* Teléfonos, PDAs, ordenadores portátiles, reuniones virtuales; aproveche todos los elementos tecnológicos disponibles para incrementar su nivel de eficacia.

CÓMO GESTIONAN SU TIEMPO LOS EJECUTIVOS TRIUNFADORES

5. *Gestione su tiempo y sus tareas.* Lleve a cabo sus tareas de una forma eficiente y puntual. Sorpresa: lo de las «multitareas» ya no está de moda; ahora está de moda el «enfoque concentrado».
6. *Adopte lo que ahorra tiempo, rechace lo que malgasta tiempo.* Consejos de los ejecutivos, prácticos, útiles y comprobados, para ahorrar tiempo.

EN MARCHA HACIA LA CIMA. HABILIDADES CLAVE DE LOS EJECUTIVOS

7. *Concéntrese en las tareas correctas y alcance resultados superlativos*. Ser un ejecutivo de alto rango entraña gestionar con eficacia múltiples prioridades.
8. *Haga que las interrupciones y distracciones sean un activo para forjar su carrera y no una molestia*. Los ejecutivos de éxito ponen patas arriba una regla importante de la gestión del tiempo; en lugar de cerrar la puerta para evitar interrupciones, obtienen un beneficio de ellas.
9. *Multiplique su productividad delegando de forma eficaz*. El arte de los ejecutivos de alto nivel, respaldado por todas las tácticas descritas, es saber delegar libremente tanto tareas como responsabilidades y luego reforzar a sus empleados para que sean lo más eficaces posible.

¿Qué sería preciso para que su jornada se pareciera un poco más a la de un ejecutivo de alto nivel? Primero, es necesario que integre poco a poco sus propias tácticas. Puede que no disponga del personal que tiene un ejecutivo, pero es posible adoptar sus hábitos. Encuentre su propio estilo. Elabore un plan y hágalo suyo.

¿Cómo sustituir viejas actitudes por otras nuevas? ¿Cómo se llega a ser disciplinado? Se lo aseguro, es posible hacerlo. En este libro le ayudaré a organizarse y a dotarse de nuevas herramientas para aprender las lecciones de esos líderes corporativos y usarlas para alcanzar y conservar una productividad cargada de energía.

Estos directores generales y otros ejecutivos de alto nivel tienen mucho que decirle. Espero que considere la posibilidad de invertir en su futuro pensando en *Organizarse para alcanzar el éxito* como un mapa de carreteras personal, un mapa que le ayudará a ser tan organizado —y tener tanto éxito en su trabajo— como pueda serlo.

Recuerdo con frecuencia algo que Charles R. Schwab escribió en su primer libro, *Charles Schwab's guide to financial independence*, sobre la importancia de invertir. «Lea este libro —dijo—. Ponga a prueba las sugerencias. Pero, por favor, haga *algo*, porque el máximo riesgo en inversión es no hacer nada.» Lo mismo puede decirse de la organización. En cuanto empiece, estará dos pasos más cerca de sus objetivos de productividad y seguridad personal. Le deseo lo mejor desde el principio.

PARTE I

LAS HERRAMIENTAS FUNDAMENTALES DE LA ORGANIZACIÓN Y LA GESTIÓN DEL TIEMPO

1
El implacable papeleo

Cómo se las arreglan los ejecutivos para tener la mesa limpia

Mark Green, importante figura política de la ciudad de Nueva York, habló por muchos de nosotros cuando dijo: «Mi escritorio parece Pompeya después de la erupción. Esos tipos (los jefes ejecutivos) dirigen empresas (enormes) y siempre tienen la mesa limpia. ¿Por qué?»

Green ponía el dedo en la llaga. Incluso en esta era digital, hay un montón de mesas sobrecargadas ahí fuera. Pero esas mesas atiborradas no son las de los ejecutivos de alto nivel.

Echemos un vistazo a la mesa de Akira Chiba, presidente de Pokémon USA. Sobre su mesa de cristal hay un ordenador, accesorios de escritorio, objetos de interés personal y un pequeño fajo de papeles que representan proyectos que el señor Chiba está siguiendo. Eso es todo, salvo un muñeco Pokémon enorme colocado cerca.

Pero, por lo menos, la mesa del señor Chiba tiene un aspecto acogedor. Las de otros ejecutivos están tan vacías como la superficie lunar.

Si ha estado alguna vez en el despacho de un director o una directora ejecutivos de una corporación es probable que haya observado ese fenómeno de la mesa limpia y se haya preguntado cómo lo hacen. ¿Practicarán algún procedimiento secreto para el tratamiento de los papeles (hablaremos en otro momento del correo electrónico) que usted no conoce y que sirve para conseguir ese espartano paisaje de su escritorio?

Cuando empecé a estudiar las prácticas de organización y gestión del tiempo de los ejecutivos de alto nivel, di por supuesto que eran maestros en el arte de resolver el papeleo sólo porque había visto demasiadas carreras prometedoras truncadas por el fracaso en tramitar el papeleo y los mensajes electrónicos a tiempo. Así que pensé que habían descubierto algún medio de evitar esa tradicional trampa de la organización de las oficinas. Mi suposición era acertada, pero con un giro inesperado: los directores ejecutivos son absolutamente *implacables* cuando se trata del papeleo.

De hecho, cronometré el tiempo que un documento normal tarda desde que cae en la bandeja de entrada de un director ejecutivo hasta que sale hacia otro sitio.

Adivínelo. ¿Una semana? ¿Dos días? Pruebe con diez minutos, literalmente.

Esos ejecutivos no soportan que las cosas se detengan. Uno de ellos se refirió a su insistencia en eliminar los papeles de su mesa y de su despacho como «patológica». No sé, a mí me suena bien.

Tan pronunciada es esta tendencia de los ejecutivos de alto nivel a despejar la mesa, de una u otra manera, hasta dejarla limpia como una patena, que le he dado el nombre de «Ley número uno de la organización».

LEY NÚMERO UNO DE LA ORGANIZACIÓN

Ocúpese de inmediato de todos los papeles y e-mails personalmente o por medio de un ayudante

TRAF*. Las cuatro decisiones para disponer de una mesa limpia

¿Cómo conseguir que las mesas estén limpias? Apuesto a que cuando piensa en los ejecutivos de la lista Fortune 500 sentados a sus mesas bregando con papeles y e-mails, se imagina toda una cohorte de ayudantes que son, en realidad, quienes se encargan de hacerlo. Una vez alcanzado el pináculo corporativo, un panorama así no es irrazonable. Pero ahí está lo bonito de verdad: estos líderes empezaron a practicar hábitos de tramitación implacable de papeles mucho antes de llegar al peldaño más alto. Cuando el ejecutivo o la ejecutiva era jefe de marca o analista financiero júnior su mesa debía de tener el mismo aspecto que hoy.

La buena noticia es que para disfrutar de una mesa limpia no son necesarios determinados rasgos genéticos ni un don innato ni todo un ejército de ayudantes. Para conseguirlo sólo es preciso un conjunto de cuatro decisiones que los ejecutivos deben tomar al enfrentarse a cada uno de los documentos que caen en sus manos.

Todo el mundo conoce el mantra clásico de Alan Lakein: «Ocúpese de cada papel una sola vez». Un buen consejo, aunque sea, a veces, poco realista. Pero ¿cómo ocuparse? ¿Qué opciones hay? Por suerte, he descubierto que sólo hay cuatro cosas que se pueden hacer con un papel, cuatro decisiones que tomar:

* Nota. Las siglas TRAF corresponden a los términos en inglés *toss* (tirar), *refer* (remitir), *act* (actuar) y *file* (archivar).

Tirarlo.

Remitirlo (es decir, pasarlo o discutirlo con alguien).

Actuar personalmente.

Archivarlo.

Yo lo llamo el sistema TRAF (hablo de este sistema en detalle en mi anterior libro *El directivo organizado*).

El TRAF es una herramienta muy poderosa para la toma de decisiones porque proporciona un protocolo que pone a prueba cualquier posible decisión respecto a un papel.

Por ejemplo, ha recibido el folleto de una conferencia sectorial que se celebrará dentro de seis meses. Veamos cómo se le aplica el sistema TRAF:

Tirarlo - ¿No interesa? Fuera.

Remitirlo - ¿Interesará a Rick? Pasárselo.

Actuar - ¿Quiero ir? Enviar el formulario. ¿Demasiado pronto para decidir? «Recuperar» el folleto dentro de un par de meses (vea página 41) y decidir entonces.

Archivar - ¿Colecciona folletos de muestra? Archívelo.

Superar los obstáculos para el TRAF

¿Alguna vez se ha quedado mirando un enorme montón de papeles y una larga lista de e-mails no leídos y todo en batiburrillo? ¡Claro que intimida! ¡Claro que abruma! Por supuesto que usted se dedicaría a casi cualquier otra cosa antes que ponerse a trabajar en esa montaña de papel.

A continuación encontrará dos técnicas fundamentales que los ejecutivos usan y que le permitirán abrirse camino rápidamente entre todo ese papeleo y llegar a la codiciada mesa limpia.

El enfoque «mosaico». El gurú de la productividad David Allen ha señalado que es difícil ser productivo cuando te atormentan 265 cosas. Allen dice, en *Work smarter, not har-*

der: Roadmap to success (Fast Company, 1998): «La productividad tiene que ver con finalizar tareas. (Tiene que ver) con identificar las cuestiones "inconclusas" de su vida y dar el paso siguiente». Cuando observaba a los ejecutivos mientras se ocupaban de sus papeles y e-mails comprendí la verdadera razón de que fuera imposible que los papeles se acumularan en su mesa: dedicaban una intensa concentración a cada uno de los documentos hasta que lo solucionaban, fuera cual fuera el asunto que tratase.

Esa atención concentrada quizá no dure más de diez segundos, pero en esos diez segundos el ejecutivo tomaba la decisión TRAF y completaba físicamente la acción, tanto si se trataba de tirar el papel a la basura, de meterlo en una carpeta para discutirlo más tarde con un compañero o garabatear una nota o ponerlo en la bandeja de salida.

Casi todos comparten una actitud similar, una especie de presa estilo bulldog, que no se afloja hasta que han resuelto qué hacer con el documento que hay en su campo de visión. Se concentran en cada papel igual que se concentrarían en un pequeño trozo de un mosaico, y se ocupan de él hasta que cada pieza, una tras otra, ocupa el lugar adecuado.

Si centrarse en cada documento —ya sea una pegatina en el ordenador o un número de teléfono garabateado en el reverso de un sobre— no es algo natural para usted, a continuación tiene un ejercicio que le ayudará para que el «enfoque mosaico» llegue a ser un proceso natural e instintivo:

1. Separe un máximo de diez documentos de los que tenga en su mesa. En un cuaderno escriba el número 1. Luego someta sólo el primer documento al procedimiento TRAF —tire, remita, actúe, archive—. No olvide anotar el tema en su ordenador o en la agenda para que aparezca de nuevo, cuando necesite volver a

verlo. Cuando haya actuado, tache el «1». Es una sensación estupenda.

2. Ahora escriba el número 2 y aplique el TRAF de nuevo. Siga hasta un máximo de diez artículos y luego déjelo.
3. A lo largo de la jornada, trate de resolver los asuntos que entren ese día.

Le apuesto lo que quiera a que al cabo de tres o cuatro semanas de centrarse sistemáticamente en el sistema TRAF, día tras día, el «enfoque mosaico» le parecerá natural e instintivo.

Ponga al día el trabajo acumulado. Cuando le haya cogido el tranquillo al TRAF, aplíquelo, dos o tres veces a la semana, a unos cuantos documentos del montón de trabajo atrasado. Se sorprenderá de lo rápidamente que esa acumulación se evapora.

Corrección, no perfección. ¿Y qué pasa con la posibilidad de tomar la decisión TRAF equivocada? A veces sucede, seguro. Pero la opinión generalizada entre los ejecutivos de alto nivel es que se pueden corregir casi todos los errores. Así que piense en cada una de sus pequeñas decisiones TRAF como una oportunidad para aplicar una posterior corrección sobre la marcha, en lugar de cómo una «equivocación» que quedará grabada a fuego en su frente.

Lo que los ejecutivos demuestran es que tomar una decisión es mucho más importante que acertar siempre. Tomar muchas pequeñas decisiones reforzará su capacidad de tomar decisiones a diario y le permitirá manejar el papeleo como un ejecutivo, en su propio terreno.

De hecho, esta mentalidad orientada a la toma de decisiones es tan esencial para el funcionamiento eficaz de los ejecutivos de alto nivel que yo la llamo «Ley número dos de la organización».

LEY NÚMERO DOS DE LA ORGANIZACIÓN
Tome decisiones, aunque tenga que revisarlas más tarde

Dos recomendaciones más para controlar los papeles:

1. *«Consagre» dos o tres momentos durante el día a tramitar papeles y e-mails.* La mayoría de ejecutivos llegan al despacho a las siete o las siete y media para limpiar mesas. Pruebe con media hora antes de empezar o justo después de la pausa para el café. Incluya otras dos sesiones TRAF de quince minutos, más avanzado el día, para aliviar la presión de papeles y e-mails.
2. *¿Qué hay de los e-mails urgentes que llegan durante el día?* Establezca filtros que le avisen de los e-mails que le envía su jefe, sus principales clientes y otras personas importantes.

Seguimiento y compleción. Un multiplicador fundamental del tiempo

El fracaso en cumplir los plazos, los compromisos asumidos, controlar al personal, devolver llamadas y seguir la evolución de los proyectos a largo plazo es la causa más subestimada del caos y el fracaso en la vida empresarial. Son palabras duras, pero ciertas. Veamos tres ejemplos de las consecuencias de no tener la mano firme para seguir y completar un asunto.

- Un director creativo respondió a un e-mail en el que se le solicitaba que echara una ojeada al nuevo diseño de la página *web* con estas palabras: «Os diré algo el próximo miércoles». Se olvidó y tuvieron que recordárselo de nuevo... dos veces. Ahora sus compañeros dicen de él: «Es un buen tipo y tiene talento, pero no puedes contar con él».

- Una experta en marketing que trabajaba en una campaña para abrir un nuevo mercado entre los médicos llamó a una asociación para saber «quién era quién» en el mundo de las asociaciones médicas. Su fuente estaba de vacaciones y la experta se olvidó de llamar de nuevo... hasta que su jefe, que no se había olvidado, irrumpió en su despacho exigiendo la información.
- Un abogado de una compañía farmacéutica, responsable de una delicada reclamación de discriminación, no actuó de la forma debida al no presentar determinados documentos, hasta el punto de que, aunque es un abogado competente, fue retirado del caso. Si volviera a fallar de forma parecida, su puesto estaría en juego.

Tan importantes son las ventajas de un seguimiento eficaz y consistente que esta es la Ley número tres de la organización.

LEY NÚMERO TRES DE LA ORGANIZACIÓN
La clave de la organización es un seguimiento a toda prueba

Un seguimiento automático y constante, diario, puede evitar buena parte de esas tareas de extinción de incendios que hacen que nos desviemos de nuestro rumbo. Muchas personas cometen el error de confiar en su memoria. Cuando decimos: «Te llamaré el próximo jueves», ¿quién va a acordarse? Ni usted ni yo ni nadie que yo conozca.

El primer paso para devolver el seguimiento fiable a su puesto de honor como una de las herramientas fundamenta-

les de la organización y gestión del tiempo es borrar la palabra «recordar» de su vocabulario.

A fin de eliminar la frase «lo olvidé», haga suyas de forma sistemática las sencillas técnicas de seguimiento que vienen a continuación. Sin embargo, no las lea pensando que son otra carga más. Una vez las haya anotado en su agenda, en su libreta de notas o en el PDA, ya se las habrá sacado de la cabeza y no estará dándole vueltas junto con todas las demás cosas, muchas, que tiene que recordar. El sello distintivo de un sistema eficaz de seguimiento es que la memoria ya no forma parte de la ecuación.

Dado que las técnicas específicas de seguimiento que usan los ejecutivos están enumeradas por todo el libro, recogemos aquí una síntesis de tácticas y estrategias.

Recordatorios

Un «recordatorio» es una nota que aparece en su ordenador o en su agenda en el momento apropiado. *Beneficio:* Puede borrar el asunto de su cabeza hasta que se presente de nuevo.

Veamos algunas prácticas de recordatorio:

MÉTODO DE LA AGENDA / CARPETA DE «PENDIENTES»

Herramientas: Su agenda (tanto si es de papel, un ordenador o una PDA) y una carpeta consagrada a asuntos «pendientes» o una carpeta de ordenador que contenga todos los documentos relacionados con el recordatorio. Tal vez puede usar una carpeta verde o roja para distinguirla de otros archivos.

Método: Un cliente le pide que lo llame el próximo jueves para comentar una importante carta por télefono. Anota un breve recordatorio en la agenda para el jueves: «Llamar Joe/carta». (Yo suelo anotar también el número de teléfono para no tener que volver a buscarlo.)

Mete una copia de la carta en su carpeta de asuntos pendientes y se acabó la historia, hasta que el recordatorio aparece en su agenda.

Dado que es imposible cumplir siempre los compromisos —por ejemplo, una reunión inesperada puede impedirle hacer una llamada que había acordado para el miércoles— asegúrese de no pasar por alto esos compromisos. Si es posible cada día o, por lo menos, una vez a la semana, vuelva a anotar cualquier compromiso no cumplido en otro día, y táchelo de su lugar original.

Cuando se cita con alguien de forma casual e inesperada —digamos que, durante un almuerzo, alguien le pide que se ponga en contacto con él a la semana siguiente—, podría ser molesto sacar la agenda en aquel momento.

Consejo práctico. Siga el ejemplo del «superpolicía» Bill Bratton y de Arthur Levitt, director de la SEC (Comisión Nacional del Mercado de Valores), durante la administración Clinton y hombre de Wall Street, y cuando salga por ahí lleve siempre unas fichas o un bloc adhesivo en el bolsillo para tomar esas notas inesperadas sobre la marcha. Luego, como parte de sus rituales del final del día, páselas como recordatorios a su agenda o siga el consejo del ejecutivo James M. Morris, presidente y director general de Signator (una empresa filial de John Hancock): cuando no le va bien anotar un recordatorio o hacer un seguimiento, llama por teléfono a su propio buzón de voz y deja grabado el mensaje.

LA CARPETA «AYUDA-MEMORIA»

El «ayuda-memoria» es un sistema probado y comprobado para no perder de vista las promesas que hay que cumplir y las cosas que hay que controlar.

Veamos una descripción de las clásicas carpetas ayuda-memoria, con una variante en fichas.

Prepare o pida que le preparen treinta y una carpetas etiquetadas del 1 al 31. Prepare también un conjunto adicional de carpetas, etiquetadas de enero a diciembre.

Bien, ha prometido volver a ponerse en contacto con un socio, respecto a un proyecto importante, el próximo jueves, que es el día diecisiete del mes.

Sencillamente, meta una nota de recordatorio en la carpeta etiquetada «17», junto con cualquier material pertinente; nada de desorden ni de jaleo.

El día diecisiete, saque la carpeta «17» y aplique el sistema TRAF a todos los materiales y cosas pendientes que haya dentro. Al día siguiente hará lo propio con la carpeta «18» y así a lo largo de todo el mes.

Cosas pendientes a más largo plazo. Digamos que estamos en enero y tiene una actividad comprometida para marzo. Meta los materiales en la carpeta de «marzo» y, al principio de ese mes, distribuya el contenido por los días específicos. Al principio de cada mes, distribuya lo acumulado para el mes de la misma forma.

La gran ventaja del ayuda-memoria es que es un sitio estupendo para guardar documentos de viaje o cualquier material relativo a un acontecimiento específico. Por ejemplo, ¿tiene una reunión el dieciséis? Meta el orden del día en la carpeta «16» o, si quiere recuperarlo un día antes, métalo en la «15». Haga lo mismo con los billetes de viaje y otros documentos.

El ayuda-memoria en fichas. Algunas personas prefieren escribir cada cosa pendiente o tarea en su propia ficha. Luego meten las fichas en un fichero y usan las mismas divisiones numéricas que en el caso anterior. Con este sistema reunirá los materiales de seguridad en una única «carpeta de cosas pendientes», tal como describíamos antes en relación con el recordatorio anotado en la agenda.

En su libro *The present* (Doubleday, 2003), Spencer Johnson, autor de *¿Quién se ha llevado mi queso?*, señala que la compleción de un proyecto o tarea —vigilar que no queden cabos sueltos— por intrascendentes que sean proporciona «energía y seguridad para tener éxito en la siguiente tarea». No tengo ninguna duda de que los cabos sueltos acaban matándote. Incluso si no son especialmente importantes en sí mismos, te inmovilizarán en una trampa pegajosa que puede perjudicar tu productividad y eficacia a largo plazo.

LA VISTA DESDE LA MESA DEL EJECUTIVO

La mayoría de despachos que la mayoría de ejecutivos de alto nivel tienen en las grandes corporaciones suelen tener las dimensiones de una pista de baloncesto. En Nueva York pueden tener una vista a ojo de águila del Central Park o la estatua de la Libertad; en San Francisco, del puente Golden Gate; en San Luis, del Arco. Además de una mesa enorme, la mayoría de los despachos de ejecutivos cuenta con una zona dotada de un sofá y sillones y una pequeña mesa de conferencias para las reuniones con sus subordinados directos y otros grupos pequeños.

Pero hay una curiosa diferencia en la decoración entre los ejecutivos que han subido peldaño a peldaño y los ejecutivos empresarios y es que los despachos de estos últimos tienden a expresar su gusto y temperamento personales.

Por ejemplo, el despacho de Martin Edelston, fundador de Boardroom, Inc., editores de Bottom Line/Personal y alrededor de otros cuarenta boletines personales y empresariales, es una maravillosa expresión de su personalidad vívida e imaginativa. La oficina de Edelston está decorada de forma exuberante, con muchas obras de arte de colores brillantes. Durante un tiempo, el principal elemento de su despacho era una vieja máquina tocadiscos en funcionamiento.

El despacho de Arthur Levitt en Nueva York, antes de que se convirtiera en jefe de la SEC, exhibía algunas maravillosas fotos ampliadas de animales salvajes, que había tomado él mismo, durante un safari en África.

En cambio, las oficinas de los ejecutivos que han llegado arriba peldaño a peldaño no muestran ninguna idiosincrasia personal. Grandes, espléndidos y austeros, sus despachos son sedes del poder, pero de un poder anónimo. Parece como si todos esos ejecutivos hubieran comprado el interior de sus oficinas en el mismo almacén para altos cargos directivos.

Pregunte a los ejecutivos

Aquí tiene algunas preguntas que se suelen hacer a los ejecutivos de alto nivel sobre sus hábitos de organización:

¿Cómo se las arregla con el papeleo cuando está fuera varios días?

Marcia Zerivitz, directora ejecutiva del Museo Judío de Florida, dice:

«Mi secretaria es muy buena en eso. Clasifica el correo en tres categorías. Una es de tercera clase; correo publicitario y ese tipo de cosas. Las otras dos categorías —cualquier cosa relacionada con finanzas y la correspondencia que sabe que tengo que mirar— las guarda cada una en su propia carpeta. Cuando vuelvo, reviso esas dos carpetas de inmediato; por lo general, en mi primera hora en el despacho. El correo de tercera clase me lo llevo a casa para echarle una ojeada durante el fin de semana. La mayor parte va a parar a la basura.»

Si usted no tiene una secretaria que le organice las cosas, pruebe con estas dos alternativas:

1. Para impedir que se le acumulen los papeles, pídale a un compañero o a la secretaria del departamento que recoja todo el material entrante y se lo envíe por correo exprés, cada dos días, por lo menos, para que pueda ocuparse de él mientras está fuera.

2. Si esto no resulta práctico, entonces consagre una «isla de tiempo» a ocuparse del papeleo cuando vuelva —a primera o última hora o durante el fin de semana— para ponerse al día. De lo contrario, se sentirá ahogado en papeles.

¿Puede recomendarme algunas tácticas para lograr una comunicación eficaz con un secretario o una secretaria?

Algunos ejecutivos se encargan de la mayoría de papeleo ellos mismos, mientras que otros, según van avanzando en su carrera, ceden la autoridad de ejercer la «censura» a una secretaria.

John Curley me contó una divertida historia sobre cómo la cantidad de correo que llegaba a su mesa quedó reducida de forma drástica, hasta quedar en dos o tres documentos, cuando asumió el cargo de presidente de Gannett en 1989, dejado vacante por su extravagante antecesor Allen Neuharth.

Cuando le preguntó a su secretaria —que había sido la secretaria de Neuharth— dónde estaba todo el correo, ella le explicó que Neuharth le había dado orden de cribarlo previamente y que había continuado haciéndolo.

Curley le pidió que «abriera un poco más la puerta» y empezó a recibir, otra vez, una serie más amplia de documentos, tal como él prefería.

Veamos unos cuantos consejos más:

- La táctica favorita de un ejecutivo para despejar su mesa —una fórmula tan eficaz que yo la llamo «técnica mágica»— es sentarse cada mañana con su secretaria durante unos veinte minutos (no se permiten interrupciones ni llamadas). Después de recoger todos los documentos entrantes y hacer copias de los e-mails importantes, su secretaria ejecutiva se sienta frente a él y, juntos, revisan cada papel.

El ejecutivo le da instrucciones para cada uno; por ejemplo: «Convoque una reunión con Art para el martes, para hablar de la situación de Dallas». Después de revisar la pila, al ejecutivo no suelen quedarle más de dos o tres cosas de las que tiene que ocuparse él mismo.

- Una ejecutiva de una junta escolar dice que ella y su secretaria se van pasando, de la una a la otra, una carpeta de color rojo vivo durante todo el día. La secretaria mete dentro papeles que hay que firmar y notas que la ejecutiva tiene que revisar. La ejecutiva mete dentro tareas que quiere que su secretaria lleve a cabo. Tienen el compromiso mutuo de que, al final del día, habrán resuelto todo lo que hay en la carpeta roja y ésta estará vacía y lista para empezar de cero al día siguiente.

Tenemos demasiados documentos inútiles dando vueltas de un lado para otro. ¿Cómo podemos controlarlos?

Cuando John Sutton se convirtió en director general de Precision Machine Company, en Seattle, observó que muchos subordinados no hacían ningún caso de los gruesos informes de ordenador que recibían. Sólo guardaban los clips y tiraban los informes a la papelera. Así que Sutton instituyó tres ingeniosos sistemas para liberar a su organización de informes inútiles:

1. Acabó con los informes que nadie leía, eliminándolos uno tras otro. A menos que alguien protestara, no los resucitaba.
2. Celebraba reuniones anuales para «liquidar los informes». En cada una de esas reuniones, había que eliminar tres informes, por lo menos. Preguntaba a todo el mundo qué informes usaban y liquidaba cualquier informe que no llevara directamente a la acción.

3. Metía los informes en la red interna y contaba las visitas que recibían. Eliminaba todos los que atraían pocas o ninguna visita.

El gran empresario teatral David Belasco decía que si no podías escribir una idea en el reverso de una tarjeta de visita, es que no la habías meditado bien.

Entre otros aficionados a los informes escuetos se cuentan Winston Churchill, Ronald Reagan y el fundador de Hallmark Cards, Joyce Hallm, quienes insistían en que todos los comunicados se resumieran en una sola página.

¿Cuáles son algunas técnicas específicas usadas por ejecutivos famosos?

Jack Welch conseguía los datos rápidamente. No malgastaba el tiempo tratando de arreglárselas como pudiera cuando no estaba familiarizado con la jerga o las complejidades de un negocio. Prefería pedirle a alguien que las redujera a términos que él pudiera comprender. Como dice en su libro *Jack, straight from the gut*: «En (mis) primeros tiempos no entendía las complejidades de las finanzas. Hice que me prepararan un libro donde se tradujera toda la jerga a términos para profanos. Lo llamé "finanzas para la gente pequeña", pero era justo lo que yo necesitaba. Estudié como si hubiera vuelto a la escuela de graduados, hasta ser capaz de conversar con la gente de la empresa».

Puede adaptar la técnica de la «gente pequeña» de Jack Welch a sus necesidades aplicando el siguiente truco que aprendí de una amiga periodista: Hazte con lo básico leyendo un libro pensado para niños de diez a catorce años.

En una ocasión a mi amiga le encargaron una historia sobre la industria de la moda, de la cual no sabía nada. Así que cogió una de esas guías de orientación profesional titulada algo como «¿Así que quiere saber de qué va la moda?» Era básica, clara y completa. Armada con los datos básicos, tenía el contexto que necesitaba para su artículo.

El legendario John D. Rockefeller, que amasó un imperio petrolífero, era experto en la práctica del TRAF, aunque él no lo llamaba así. Su secretario privado, George D. Rogers, decía que el magnate cumplía siempre con la siguiente rutina para ocuparse de la inundación diaria de papeles:

Los asuntos inacabados, cartas, telegramas, memorandos y cosas similares se colocaban en una pila en el lado derecho de la mesa de Rockefeller. Cogía el primer papel y dictaba sus instrucciones o se lo pasaba a otro para que se encargara de resolverlo. Cuando se había tratado el asunto, se archivaban los documentos.

Si no era posible encargarse de inmediato de algún documento, Rockefeller lo ponía cara abajo en el lado izquierdo de la mesa. Cuando había acabado con la pila del lado derecho, daba media vuelta a la pila de la izquierda y la pasaba al lado derecho para ocuparse de ella al día siguiente. Después de unos días, no quedaba nada encima del escritorio más que el cartapacio, un secante, una pluma, tinta y lápices.

EL DESORDEN ORGANIZADO COMO SISTEMA INFALIBLE PARA LOS PAPELES

Una experiencia con una colega me enseñó que hay un desorden «malo» y también un desorden «organizado».

Trabajaba en un proyecto, por medio del teléfono, fax y e-mail, con una ejecutiva de marketing de Filadelfia a la que nunca había visto. Siempre me había parecido una persona muy organizada, así que, en nuestra primera reunión, me quedé estupefacta al ver montones y montones de papeles encima y alrededor de su mesa. Parecía un revoltijo impresionante.

Curiosa, se lo pregunté. Se echó a reír y dijo: «Soy una persona visual. Si no veo algo, no existe. Pero tengo un sistema». Me explicó que en el centro de su mesa estaba su agenda. Alrededor, formando un semicírculo, estaban los asuntos «al rojo vivo», en los que trabajaba en aquel momento (el material de nuestro proyecto estaba allí). Alrededor del borde de la mesa había proyectos y asuntos que supervisaba. Y, finalmente, en el suelo, alrededor de la mesa, estaban las carpetas con documentos de proyectos corrientes.

Su sistema para mantener esa masa de material bajo control era la simplicidad misma. Cada viernes, iba de pila en pila, tocaba cada montón, para no «olvidar dónde estaba», y comprobaba qué tareas y compromisos eran pertinentes para la semana siguiente.

Anotaba todos los asuntos pendientes en papel azul, que sólo utilizaba con ese propósito, y ponía la lista en el centro de su mesa.

Lo primero que hacía el lunes por la mañana era poner manos a la obra.

¡Su sistema funcionaba!

2

Cómo acabar con la acumulación de e-mails

Cuando les pregunto a los ejecutivos de alto nivel cómo utilizan su correo electrónico, sus comentarios están marcados por una curiosa e inesperada vacilación, incluso desconfianza. Un número sorprendente —entre ellos Leonard A. Lauder, presidente de Estée Lauder; Teodoro Benavides, administrador de la ciudad de Dallas, y Akira Chiba, presidente de Pokémon USA— expresaron la preocupación de que, cuando se usaba de forma incorrecta, el correo electrónico podía llegar a impedir, en lugar de facilitar, las comunicaciones. William G. Dugan, editor de Briefings Communicatios, empresa que edita boletines informativos en Alexandria, Virginia, lo resumió de forma sucinta:

«El correo electrónico es una herramienta de trabajo indispensable, pero permitir que se inmiscuya en tu relación personal con alguien es una actitud muy perjudicial. El correo electrónico tiende a ser una influencia que separa más que une. Como líder, se tiene la responsabilidad de crear un ambiente de trabajo en equipo.»

No obstante, esas preocupaciones sólo representan la mitad de la paradoja del correo electrónico. No cabe duda de que, en la última década, el trabajo de gestión se ha visto totalmente transformado por la rapidez de las comunicaciones electrónicas, más instantánea si cabe ahora con la generalizada adopción de los mensajes instantáneos. Ningún ejecutivo podría imaginar la vida sin ella.

La otra mitad del conflicto provocado por el correo electrónico es «la muerte por ahogamiento». Dado que muchas organizaciones confían ahora en ese sistema como método predominante de comunicación, la ausencia de un lapso de tiempo entre que se nos ocurre una idea y la mandamos por e-mail, con copias para diez colegas, ha creado un maremoto de mensajes. Se considera que, por debajo de cien e-mails al día es una cantidad modesta; hasta doscientos ha llegado a ser algo corriente en ciertos sectores y no es inaudito alcanzar los trescientos y hasta superarlos. Así pues, para tratar los dos aspectos de la cultura del correo electrónico, he dividido este capítulo en dos secciones:

Eficacia del correo electrónico: qué y cómo. Esta sección empieza con la historia fascinante de una ejecutiva, Idit Harel, fundadora y directora general de MaMaMedia, Inc., un sitio *web* interactivo para niños, que creó una productiva cultura de correo electrónico en su empresa. Luego les explicaré numerosas y exitosas estrategias que puede usar, de las que me han hecho partícipe un buen número de ejecutivos y directores.

Estudio de la incomodidad de los ejecutivos con la Ley de consecuencias inintencionadas, cuando el correo electrónico ha llegado a tener un papel predominante en las comunicaciones en el trabajo.

Cómo reducir la acumulación de e-mails y otras estrategias y tácticas de los ejecutivos

Los ejecutivos someten los mensajes electrónicos al TRAF, igual que hacen con el papel, aunque con un toque digital:

Tirar = Borrar
Referir = Enviar

Actuar = Actuar
Archivar = Archivar

Pero luego las cosas empiezan a complicarse. Aquí tenemos un maravilloso caso que ilustra cómo una ejecutiva lucha con el correo electrónico y lo vence en su empresa.

En la mesa de Idit Harel. Cómo crear una cultura de correo electrónico productiva

Idit Harel, nacida en Israel, es un genio de los ordenadores que tiene un PhD por el MIT. Nos reunimos en las agradables oficinas con paredes de ladrillo de su empresa, MaMaMedia, Inc., en el distrito del SoHo en Nueva York, donde ella y sus compañeros trabajan en un ambiente de espacios abiertos. Pero, como sucede en muchas oficinas, había tantos e-mails internos que todos acababan inundados. Para ayudar a su personal a mantener la cabeza fuera del agua, la señora Harel ideó una estrategia de gestión del correo electrónico para ella y su equipo.

Desde su punto de vista, su trabajo es moldear el correo electrónico para que encaje en los propósitos de su compañía. Las tres claves de la señora Harel respecto a la gestión de e-mails son: (1) Dar forma al e-mail. (2) Acusar recibo con rapidez y dar una respuesta adecuada. (3) Establecer un código de cortesía interna por medio de una «cultura de consultas».

Dar forma al e-mail. Dice la señora Harel: «Es preciso establecer un vocabulario común, para comprender el significado del mensaje; su urgencia, lo detenidamente que hay que estudiarlo, frente a estar simplemente informado».

La principal herramienta es cerciorarse de que el e-mail tiene un asunto específico, aplicando los criterios siguientes:

- Usar la línea reservada para el «asunto» para transmitir la naturaleza del mensaje: «Acción obligada», «PTI (para tu información)», «Información reunión», etcétera.
- Cuando sea posible, escribir todo el mensaje en la casilla de «asunto», para que no sea preciso abrir el e-mail. Por ejemplo: «Reunión a las 3 de la tarde el jueves, en firme». «Estaré en Chicago jueves y viernes.» «Lo necesito para el 28.»

La señora Harel señala su preferencia por una taxonomía de líneas de asuntos; las pequeñas cosas estilo post-it, como «contacto» o «urgente» o «PTI».

«La gente tiene que aprender a escribir un e-mail para que comunique. Hay que centrar la atención en lo más importante para que no tengan que leerse todo el rollo. "Por favor, lee párrafo 2." Es como marcar con rotulador en papel. También sirve ofrecer un resumen.»

La respuesta en dos frases. Primero, acusar recibo; luego, responder.

«Hay muchos días que tengo 200 e-mails; sin embargo, raramente me siento abrumada», me dijo.

«¿Por qué no? —pregunté— A todo el mundo le pasa.»

Atribuye su nivel de comodidad a su planteamiento de: «Primero acusar recibo, luego responder».

«Tengo por norma —dice la señora Harel— acusar recibo de todos los mensajes en cuanto puedo. Pero el error es creer que hay que contestar con la misma rapidez. Yo priorizo los e-mails basándome en las actividades del día, usando una forma de abordar la tarea en dos fases.»

La señora Harel se ocupa primero de las «expectativas», acusando recibo de los mensajes casi al instante y dándose un respiro para contestar en un momento más conveniente. Usa las siguientes líneas de acuse de recibo:

«Acabo de recibirlo. Probablemente no me pondré en contacto contigo hasta la semana que viene.»

«Lo he recibido y leído y lo volveré a leer... te contestaré la semana que viene.»

«Lo he recibido y leído y ahí va una respuesta rápida. Espera una más larga la semana que viene.»

La señora Harel insiste en que hay que organizar recordatorios de control para responder cuando dijimos que lo haríamos; de lo contrario, perderíamos credibilidad.

Luego responde a los e-mails en el momento en que ha establecido, aprovechando cualquier ocasión, en un taxi, ya entrada la noche, mientras se dirige a una cita, durante un viaje en tren, en el ascensor o mientras toma un café en Starbucks. Se mantiene al día, todo el día, distribuyendo sus respuestas a lo largo del tiempo, a intervalos que le resulten cómodos, lo cual alivia en mucho la sensación de presión que tanta gente experimenta.

Establecer una «cultura de consulta». La señora Harel ha instaurado un procedimiento que, según mi experiencia, es único: las reuniones estratégicas habituales de la compañía, específicamente centradas en mantener productivos los e-mails. Se discuten cuestiones como las siguientes:

- *¿A quién le envía un e-mail?* ¿Quién debe estar en la línea del destinatario o recibir una copia o una copia oculta, para alcanzar la máxima eficacia? Por ejemplo, Harel pide que el personal envíe a su secretaria copia de los anuncios de reuniones, para que si ella no contesta su secretaria se encargue de controlarlo.
- *Establecer sistemas de difusión más claros.* El equipo de la señora Harel replantea regularmente los criterios para el envío de mensajes. Por ejemplo, no pasa nada porque te eliminen de la lista de distribución en este trabajo, porque «no es importante que tú estés al tanto de

su evolución. Cuando tengamos los resultados, te lo haremos saber».

- *Limitar la lista de correo personal.* Para evitar que bombardeen a su personal con mensajes privados como «Mi gato necesita un nuevo hogar. Soy alérgico», la señora Harel ha ideado el concepto de «mandar-tomar», según el cual está bien enviar mensajes individuales a tus diez colegas íntimos («mandar» el mensaje), pero no a cincuenta o a cien personas. En este último caso, lo que se puede hacer es pegarlo en un «tablero digital» que la gente pueda «tomar» a la hora del almuerzo o a su comodidad.
- *¡Preguntar!* Ahora el personal pregunta: «¿Quiere que le enviemos una copia oculta sobre esto?» Se puede enviar a alguien una copia oculta de un proyecto que está en fase de negociación para que la lea una semana después, cuando el proyecto ha concluido, para estar al día. Esto le mantendrá en el circuito, pero sin presión.

Una consulta tan sistemática refleja una actitud de mejora continua. En palabras de la señora Harel: «Conserva lo que funciona, transforma lo que no funciona».

PROGRAMA DE CORTESÍA DE SEIS PUNTOS PARA EL CORREO ELECTRÓNICO

Parece que el correo electrónico ha reducido el tiempo que pasa entre que se concibe una idea y se difunde. Personas que ni soñarían en llamar a un compañero cinco o seis veces al día para charlar, no vacilan en dispararle un e-mail, junto con diez copias para otros compañeros, en cuanto se les ocurre cualquier idea.

¡BASTA!

Todos nos sentimos abrumados por la invasión de e-mails. Como un gesto de bondad hacia sus compañeros, considere los seis puntos siguientes cada vez que vaya a lanzarse impulsivamente a enviar un e-mail:

1. ¿Puedo retener esta información para una reunión u otro momento conveniente?
2. ¿Se puede resumir?
3. ¿Se puede incluir en un informe más amplio?
4. ¿Es necesario «realmente» darlo a conocer?
5. ¿Cuántas personas quieren o necesitan realmente recibir una copia?
6. **Importante.** Si su e-mail forma parte de una larga serie, sería muy considerado empezar con una recapitulación de dos o tres frases para que no sea necesario retroceder y leer los viejos e-mails que cuelgan de su mensaje.

Más tácticas de los grandes ejecutivos para ocuparse del correo electrónico

CÓMO REDUCIR LOS MENSAJES

¿Se ahoga en e-mails? Aquí tiene varias tácticas que emplean los ejecutivos para achicar la inundación?

Nader Karimi, vicepresidente de Emerging Technology para Twentieth Century Fox, se rebeló contra los 150 e-mails diarios que le consumían una gran cantidad de horas cada día. Sencillamente, les pidió a sus empleados que redujeran drásticamente las copias y los mensajes PTI que le enviaban, con lo cual redujo en más de un cincuenta por ciento el contenido de su bandeja de entrada. Desde el punto de vista del remitente, esto exige una cierta reflexión. Pregúntese si un mensaje requiere alguna acción definida por parte del destinatario o si es posible difundir la información de una manera más pertinente.

Wayne Forehand, vicepresidente de Energy Distribution, Florida Power Corp., utiliza otro método para reducir el número de e-mails: devuelve al remitente los mensajes innecesarios que recibe, con una nota que dice: «No necesito esto». Añade: «No se ofenda, pero estoy tratando de reducir los e-mails que recibo. Siga enviándolos, pero seleccione los que no tengo necesidad de ver». El criterio: «Si tuviera que meter esto en un sobre, ponerle un sello y echarlo en un buzón, ¿me lo enviaría?» Forehand cuida que su nota de devolución tenga un tono cordial, porque reconoce lo ásperos que pueden parecer los e-mails para el destinatario, aunque el remitente no tuviera intención de ofender.

Mensaje: Antes de enviar un e-mail, vuelva a leerlo para ver si el tono es el correcto.

Garry Hart, fundador y director general de Fathom Pictures, productor de juegos de ordenador, dice en el libro *Work smarter, not harder*, de David Allen: «Tengo una cuenta de correo privada de la cual sólo tienen la dirección menos de diez personas. Mi secretaria criba los mensajes enviados a la cuenta de la compañía».

CÓMO PERMANECER EN EL CIRCUITO CON EFICACIA

Nader Karimi insiste en que se reduzcan los informes de situación hasta dejarlos en notas de una página. «Confío en que mi equipo de dirección se ocupará de un montón de cuestiones y me filtrará la información por medio de informes de situación.»

Idit Harel se mantiene al día con una «instantánea» semanal, en forma de e-mail, de todo lo que sucede en los departamentos de marketing, ventas, relaciones con el cliente y diseño. Puede pedir más información de fondo si quiere más detalles.

ESTRATEGIAS FABULOSAS CUANDO SE CUENTA CON UN SECRETARIO O UNA SECRETARIA A JORNADA COMPLETA

Para dejar libres las noches que dedicaba a responder a los más de ciento cincuenta mensajes que recibía al día, Scott Baxter, de JPMorganChase le pidió a su secretaria, Pat, que revisara sus e-mails cada día. Es ella quien se encarga de avisarle de los mensajes importantes y de hacer una copia impresa de los que no son urgentes, para que los pueda revisar en el tren, de camino a casa. Él anota sus instrucciones en el margen y se los devuelve a la mañana siguiente. Pat se ocupa de los demás mensajes y le pasa un resumen de lo que ha hecho.

Gaston Caperton, director general del College Board, tiene un buen sistema para impedir que los e-mails lo ahoguen. Primero revisa el correo a lo largo de todo el día; unos cuantos ahora, otros cuantos más tarde, cuando tiene tiempo. Pero, además, tiene una táctica de refuerzo fabulosa: se asegura de que sus ayudantes sepan qué es lo más importante para él. De esta manera, puede pasar varias horas sin mirar el correo ni sentirse presionado, porque sabe que su personal lo comprobará regularmente y llamará su atención sobre cualquier asunto fundamental.

¿IMPRIMIR O NO IMPRIMIR?

Hay personas que se ocupan de los mensajes trabajando directamente con el ordenador, mientras que otras prefieren imprimirlos, sobre todo si son largos. Pero si tiene usted una secretaria, aunque parezca ir contra el sentido común y ser antitecnología, imprimir puede ahorrar muchísimo tiempo.

Tim, un director de Nickelodeon, hizo una prueba: se ocupó de siete u ocho e-mails en su ordenador de la forma usual y luego imprimió los siguiente siete u ocho. Del grupo impreso, respondió a dos él mismo y apuntó, a mano, instrucciones en el resto y se los pasó a su secretaria. (En términos TRAF, esto es «Remitir».) Para encargarse del grupo impreso, Tim sólo necesitó la mitad del tiempo que le llevó ocuparse de los mensajes directamente en el ordenador.

Wayne Forehand, de la Florida Power Corp., opina que cuando está de viaje le ahorra tiempo pedirle a su secretaria que imprima sus e-mails y se los envíe por fax a su hotel, donde se ocupa de ellos por la noche.

CLASIFICAR Y PRIORIZAR LOS MENSAJES

Para que le resulte más fácil priorizar sus mensajes, Jonathan Pond, presidente de Financial Planning Information, se sirve de varias direcciones: una para sus clientes y consultores más importantes, que exigen una respuesta rápida; otra para asuntos de menos urgencia, como preguntas a través del sitio *web* de la compañía, y una tercera para los mensajes de índole personal.

Priorice los mensajes que entren mediante una señal visual, un código de color: rojo para el jefe, verde para los principales clientes, púrpura para su cónyuge y otros mensajes personales.

Esquematizar los e-mails para lograr una mayor claridad y rapidez.

Jenette Fetzner, vicepresidenta de cuentas nacionales de CIGNA, ha elaborado dos marcadores que caracterizan un e-mail eficaz:

Elaborar mensajes esquemáticos siguiendo la «regla de los quince segundos»: Permitir que el destinatario sepa, en las primeras líneas, cuál es el quid del mensaje. ¿Quiere que le llamen? ¿Asistir a una reunión? ¿Comunicar los resultados de un viaje de ventas? El receptor no tendría que necesitar más de quince segundos para leer esa información.

Cuando dirija un mensaje a sus subordinados directos, (a) resuma lo que quiere que hagan, (b) designe la persona que tiene que dirigir, (c) proporcione una fecha para el seguimiento y (d), cuando sea apropiado, fije una fecha de seguimiento independiente para su secretaria.

Un consejo adicional: Ahorre tiempo al destinatario y consiga una respuesta más rápida numerando o marcando los puntos principales de su mensaje, en lugar de enviar un bloque de texto indiferenciado.

CUÁNDO Y CÓMO OCUPARSE DE LOS E-MAILS

Dennis Bass, director adjunto del Center for Science in the Public Interest, Washington, D. C., dice: «No me gusta enfrentarme a cincuenta e-mails cuando entro en la oficina, así que, por la mañana, mientras me preparo el café, compruebo mi correo en el ordenador de casa».

En un perfil de 2002, en la revista *Business 2.0*, Martha Stewart dice: «Me mantengo en contacto, pero a mi manera. Recibo entre treinta y cien e-mails al día y el correo electrónico es lo último que hago por la noche y lo primero que hago por la mañana... Leo muy rápido y contesto todo lo que es apropiado».

En Bessemer Securities, algunos ejecutivos miran su correo por «entregas», tres veces al día; por la mañana, después de almorzar y a las cuatro de la tarde.

Para evitar distraerse con los mensajes que llegan, desconecte el sonido de alerta y ponga la agenda o cualquier otra cosa en la pantalla, para no verlos entrar.

Mi consejo personal: Dedique media hora a eliminar su suscripción a los boletines, servidores de listas y otros servicios que ya no le interesan; retire su nombre de las listas de distribución que no tenga necesidad de ver. Y siempre borre sin abrir cualquier mensaje desconocido o de señuelo y protéjase de los virus.

Cómo organizar el seguimiento de un e-mail

Carol Gregor, vicepresidenta adjunta de cuentas nacionales de CIGNA, arrastra los mensajes que esperan respuesta a la carpeta de «Tareas» de Outlook Express y les da una fecha de vencimiento. El día asignado aparecen los e-mails que necesitan seguimiento (atención, no se pueden arrastrar documentos adjuntos).

Faye Davis, vicepresidenta corporativa de Facilities, en Sprint, guarda sus e-mails en la bandeja de entrada hasta que se solucionan. Por ejemplo, el día que hablamos el encargado de una actividad corporativa fuera de la sede le había enviado cinco e-mails PTI para ponerla al día, y su intención era conservarlos en la bandeja de entrada hasta que acabara la actividad. Una vez solucionados, esos mensajes informativos son, en términos TRAF, «Tirados» o «Archivados».

Bronwyn Clear, directora de exploración de Kerr-McGee Oil & Gas Corporation, usa su bandeja de «Enviados» como herramienta de seguimiento y conserva sólo los mensajes que piensa controlar. Por ejemplo, envió el orden del día preliminar para una reunión con seis socios para solicitar sus comentarios. Al cabo de unos días, la señora Clear comprobó su bandeja de «Enviados» y vio que no había recibido respuesta de dos de los interesados, así que insistió para estar segura de que recibía los comentarios a tiempo.

CÓMO CONSIGUE UNA DIRECTORA QUE TODOS RESPONDAN A SUS *E-MAILS*

Leeanne Probst-Engels, vicepresidenta adjunta de cuentas nacionales de CIGNA, creó un eficaz método en cuatro pasos para conseguir que contestaran aquellos mensajes en los que pedía información: los remata con dulzura. «Para conseguir que alguien haga lo que le pido en una relación (no subordinada), mi planteamiento es "Busquemos una solución conjunta". El enemigo es el problema, no la persona.»

1. Probst envía su mensaje con una petición de acuse de recibo.
2. Si abren su mensaje, pero no recibe respuesta, envía un segundo e-mail. «¿Necesita más información?» La mayoría de veces ese segundo mensaje tiene éxito. Si no es así:
3. Probst pasa a machacar con otro e-mail, acompañado de una llamada telefónica al destinatario e insiste: «¿Necesita que le envíe algo más?»
4. Si sigue sin haber respuesta y el destinatario está en su mismo edificio, va a verlo en persona. Es raro que tenga que repetir el procedimiento. La presión continua, amable, pero firme, no es algo que la gente quiera sufrir más de una vez.

El dilema del correo electrónico: Cómo equilibrar los *e-mails* y el contacto personal

¿Cuándo es mejor hablar por teléfono o en persona en lugar de enviar un e-mail? Me sorprendieron las apasionadas reacciones negativas de numerosos ejecutivos, desde mandos intermedios a directores generales, que expresaron su preocupación por el correo electrónico como medio de comunicación. Según dicen, elimina los matices y las relaciones humanas, es un medio inadecuado para comunicar información compleja o polémica y es ineficaz.

El medio de comunicación preferido de Akira Chiba es el contacto personal —por teléfono o en persona— en lugar del correo electrónico. Su razonamiento es: «Comunicarse en tiempo real te da la oportunidad de intercambiar no sólo las sutilezas y matices de la información, sino también las sutilezas y matices del tono emocional».

Ese punto fue respaldado por Gaston Caperton, director general del College Board, quien señaló: «En persona, puedes hacer que la gente se abra más y conseguir la información que necesitas, tanto en una entrevista individual como en una reunión en grupo. Además, averiguo cosas de las que nunca me enteraría por e-mail».

El rechazo más tajante lo expresó Leonard A. Lauder, de Estée Lauder: «Odio el correo electrónico. Nunca lo usaré si puedo hacer una visita o una llamada por teléfono. Creo que los negocios son relaciones cara a cara».

De hecho, basándose en la teoría de que es productivo insistir en un poco de interacción humana, una de las empresas de Estée Lauder tiene establecida la norma de «Viernes sin e-mail». El señor Chiba, en la misma vena, anima con fuerza a sus empleados a hablar unos con otros en lugar de enviarse e-mails.

La respuesta tal vez consista en decidir si lo que se quiere comunicar es algo sencillo o un PTI, o si se trata de algo más complejo o matizado. Por ejemplo, digamos que a las dos de la tarde su jefe le pide las cifras de ventas para la hora de cerrar, pero usted necesita un informe directo para poder hacerlo.

Pregúntese: ¿Conseguiré lo que necesito si envío un mensaje que diga: «Por favor, envíame estas cifras antes de las cuatro de la tarde» o será mejor mostrar un poco de consideración y asomarme a la puerta de esa persona para decirle: «Siento mucho pedírtelo con tan poco tiempo, pero Sue acaba de decirme que le envíe esas cifras»?

Sobre el segundo punto, Faye Davis, responsable de todas las instalaciones y propiedades de Sprint del país, expresaba su preocupación porque «Se tiende a escribir un e-mail en lugar de coger el teléfono para asuntos un tanto polémicos o que tienen una cierta complejidad».

Una regla cardinal para el correo electrónico es que nunca se debe usar para transmitir material sensible, polémico o emotivo, a menos que quiera que todos se enteren. Como ejemplo, Neal L. Patterson, director general de la Cerner Corp., con sede en Kansas City, Missouri, aprendió esta lección a las malas. Provocó una tormenta eléctrica al enviar un furioso e-mail a cuatrocientos directores en el que expresaba su indignación por «el hábito de retrasarse en el trabajo» de los empleados de la compañía. «Le hago a usted responsable. Tiene dos semanas. Tic, tac.»

El mensaje no tardó en aparecer en Yahoo! La dura advertencia y el tono iracundo de Patterson causó tanto tumulto que el precio de las acciones de Cerner cayó en un veintidós por ciento en tres días.

La norma general de Dennis Bass, director adjunto del Center for Science in the Public Interest, es que si recibe un mensaje con más de tres o cuatro párrafos, deja de leerlo y llama al remitente. «Es más fácil hablar que teclear y, cuando los e-mails son demasiado largos, resulta que se pasa demasiado tiempo tecleando para nada.» Bass cree, asimismo, que las cuestiones complicadas no son apropiadas para el correo electrónico. «Cuando recibes mensajes que responden a un punto del que se hablaba hace dos e-mails, entonces es hora de convocar una conferencia.»

Sobre el tercer punto, varios ejecutivos mencionaron que una simple llamada telefónica puede lograr en tres minutos un intercambio de información que podría exigir siete u ocho e-mails.

Vea este diálogo imaginario entre un vicepresidente de publicidad y uno de sus ejecutivos de cuentas. ¿Cara a cara o por e-mail? ¿Qué resulta más eficaz?

Vicepresidente: Paul, ¿cómo tienes los comentarios que vas a hacer en la presentación de mañana?

Ejecutivo de cuentas: ¡Todo listo!

Vicepresidente: ¿Cómo has decidido presentar la información demográfica de la que hablamos? ¿En transparencias o distribuirás un informe escrito?

Ejecutivo: He decidido que la transparencia bastará.

Vicepresidente: Mira, me parece que sería mejor incluir los datos también en el informe; en páginas separadas al final, si resulta más fácil a estas alturas.

Ejecutivo: No hay problema. Puedo imprimirlo e insertarlo.

Vicepresidente: Me parece bien. ¿Puedes enviarme el borrador final por e-mail?

Ejecutivo: Claro. Me pondré a ello en cuanto acabe la reunión de personal. Lo recibirás alrededor de las dos.

Si tenemos en cuenta el alto nivel de distracción del e-mail, parece que, con frecuencia, una llamada rápida por teléfono o una charla en el vestíbulo es una alternativa claramente ventajosa, una situación en la que las dos partes ganan.

Tan vigorosamente se expresaron muchos ejecutivos sobre la necesidad de establecer una clara distinción entre «los hechos, señora», para los cuales el correo electrónico es totalmente apropiado, y unos niveles más complejos de comunicación, que yo lo llamo Ley número cuatro de la organización:

LEY NÚMERO CUATRO DE LA ORGANIZACIÓN
No use nunca el correo electrónico cuando una conversación sea más eficaz

La idea aquí es el equilibrio: asegúrese de que el correo electrónico queda compensado con el contacto personal, sea cara a cara o por teléfono. Establezca su propio equilibrio, que es crítico tanto para la eficacia de la gestión como para obtener resultados prácticos.

La ventaja que el correo electrónico aportó a un director general

Según una historia publicada en el *New York Times*, cuando Louis V. Gerstner tomó las riendas de IBM en 1993, la empresa estaba en una situación tan desesperada que los empleados de todos los niveles creyeron oportuno enviarle e-mails, a cientos, «en los que ofrecían valoraciones sinceras sobre los problemas de IBM e incluso consejos para el nuevo jefe». Gerstner respondió por e-mail a todos los empleados, para agradecerles sus ideas y su trabajo. Habló de los dolorosos despidos y añadió: «Me habéis dicho que restablecer la moral es importante para cualquier plan de negocios que elaboremos. No podría estar más de acuerdo».

Era evidente que Gerstner pensaba que aquella avalancha de e-mails era una herramienta fenomenal de las bases y se tomó el consejo de los empleados muy en serio. En su e-mail prometía pasar gran parte de los meses siguientes viajando a las fábricas y oficinas de IBM para hablar con los trabajadores.

Demos un salto adelante, a 2002, momento del retiro de Gerstner, cuando, según la opinión de la mayoría, había «salvado a IBM». Había cumplido la promesa hecha en su e-mail y sus giras a las instalaciones de IBM eran consideradas por muchos el primer aldabonazo para detener la caída en picado de IBM.

Si Gerstner no hubiera tenido acceso inmediato a las opiniones y la preocupación existentes en toda la organización por medio del correo electrónico, quizá nunca habría contado con ese canal abierto que le permitió «tomar el pulso» de la empresa y saber cuáles eran los primeros pasos que tenía que dar.

Notas finales sobre los e-mails

Preguntas frecuentes:

Pregunta. Con frecuencia, el coordinador de nuestro grupo nos envía, simultáneamente a tres o cuatro, un mensaje en el que nos pide que hagamos algo. Es decir, todos nos ponemos a trabajar en lo mismo... ¡Tanto que se habla de la duplicación de esfuerzos! ¿Cómo podemos evitarlo?
Respuesta. Pídanle al coordinador que envíe cada petición a una única persona cada vez, pero que las reparta entre todos equitativamente; tal vez siguiendo el alfabeto: primero, Alice; segundo, Derek; tercero, Joe...

P. Parte de mi personal se ha vuelto descuidado y no mira mis mensajes. ¿Cómo puedo estimularlos a estar más alerta?
R. Primero, asegúrese de que no los somete a un bombardeo de e-mails, de que no es ampuloso o usa el correo electrónico para transmitir mensajes difíciles. Suponiendo que no se den esos casos, aquí tiene lo que hizo un director hábil, según el boletín *Manager's Edge*: Envió a todo el mundo un e-mail para decirles que podían salir temprano el viernes por la tarde. Cuando aquel viernes, bastante tarde, se dio una vuelta por el edificio, encontró que todavía había varios empleados, que no habían mirado el correo electrónico. A partir de ese momento, todos lo comprueban regularmente.

P. Los mensajes de mi equipo tienden a ser demasiado largos y están llenos de divagaciones. ¿Cómo puedo estimular la concisión?
R. Establezca la norma de «nada de desplazamiento». Si en un mensaje es necesario utilizar la barra de desplazamiento es demasiado largo. Si el material es tan largo que no cabe en una pantalla, envíelo como archivo adjunto.

Resumen de las cinco reglas del correo electrónico por las que se rigen los ejecutivos

1. Para reducir el número de gente en el circuito, hágase esta pregunta: Si tuviera que fotocopiar este material, meterlo en sobres, ponerle un sello y echarlo al buzón, ¿quién estaría es su lista de distribución?
2. Siga el estilo periodístico. Ponga titulares al principio y luego siga con los detalles.
3. Resuma la información actualizada al principio de una larga serie de mensajes.
4. Adopte la norma de «nada de desplazamiento». Todos los mensajes tienen que caber en una sola pantalla. Envíe los materiales más largos como archivos adjuntos.
5. Procure meter todo el mensaje en la casilla de «asunto»: «Reunión 3 jueve tarde confirmada». «Estaré en Chicago jue. y vier...» «P. f., ¿puedes imprimir hoja cálculo marketing mes pasado, cuando puedas?»

PARTE II

LAS HERRAMIENTAS DEL ÉXITO

Cómo se organizan los ejecutivos triunfadores
mediante listas de cosas por hacer,
agendas de todo tipo, el teléfono y la tecnología

3

La lista de cosas que hacer

Una herramienta clave para la gestión del tiempo

El famoso mantra ideado por Napoleon Hill, autor del clásico del «éxito» *Piense y hágase rico*, dice: «Planifique su trabajo y trabaje su plan». Es una buena regla que siguen casi todos los ejecutivos de éxito. La clave para la parte de «planificar» es una lista factible de cosas que hacer.

Ivy Lee y su lista de cosas que hacer de 25.000 dólares

Una vieja y magnífica leyenda ilustra este punto. Según la historia, Charles Schwab, que fundó la Bethlehem Steel Company, cerca de principios del siglo XX, fue abordado por un hombre llamado Ivy Lee.

Lee, un pionero en el campo de las relaciones públicas y un poco buscavidas, le dijo: «Señor Schwab, me gustaría ofrecerle una técnica de gestión del tiempo muy sencilla. Pruébela durante tres meses y luego envíeme un cheque por lo que crea que vale; si no vale nada, no me envíe nada».

Al cabo de tres meses, Schwab le envió un cheque por veinticinco mil dólares. Y hablamos de los días en que un dólar era un dólar. ¿Cuál era el secreto de Ivy Lee que valía veinticinco mil dólares? Una fórmula tan sencilla que sorprende:

1. Haga una lista de tareas limitada, unas diez tareas, para completar cada día.
2. Priorice la lista en orden descendente, desde uno hasta diez.
3. Empiece por la tarea número uno, luego ocúpese de la número dos y así sucesivamente.
4. No se preocupe si no completa la lista. Habrá dedicado el día a hacer lo prioritario y puede acabar otro día.

Y ahora, por una suma simbólica, le revelaremos cómo la elección del formato adecuado para su lista de tareas que hace una ejecutiva le permitirá trabajar al máximo de su capacidad.

Tres estilos de listas de tareas por hacer

Aquí tenemos un truco de productividad interesante. He averiguado que diferentes ejecutivos aumentan su registro personal de productividad identificando el estilo de lista que mejor les va. Lo que para algunos es una lista poderosa y detallada, para otros es algo arduo y difícil de acometer. El directivo o la directiva inteligentes saben qué es lo mejor para ellos.

He observado tres estilos claramente diferentes:

- La lista poderosa y muy detallada, organizada por días o semanas.
- La lista maestra continua; una única lista, puesta al día, revisada y reescrita más o menos cada día.
- La lista minimalista, sólo unas pocas cosas, garabateadas en *post-its*, en una tarjeta o en un cuaderno.

La lista poderosa y muy detallada

Muchas de estas personas preparan listas de cosas por hacer que llevan consigo a todas horas y durante toda la semana. La forma de Leonard Lauder (vea páginas 76-77) reside en el ordenador de su secretaria. Cuando aparece una tarea, incluido devolver llamadas, etc., le pide a su secretaria que la incluya en la lista, dentro del día en que piensa hacer algo al respecto.

Cada mañana, su secretaria, Jeanie Janiro, saca una copia impresa de la lista y él se ocupa de las tareas al estilo Charles Schwab, según se lo permite el tiempo, a lo largo del día.

Tanto Marty Edelston, de Boardroom Reports, como Gaston Caperton, del College Board, prefieren hacer su lista en una hoja en blanco, en tamaño carta, que doblan en forma de sobre del número diez, anotando cosas en ella y poniéndola al día sobre la marcha.

Algunas de las tareas de la lista de Marty Edelston son:

> Discutir oport. organización atención sanitaria con Brian
> Programar reunión abog. cerrar contrato
> Revisar resultados prueba externa catálogo

Pero ¿cómo saber que este tipo de lista cargada y muy detallada, que gira en torno a las tareas, es el estilo que le va a usted? Porque parece ir asociada a una forma de productividad bastante intensa.

Por ejemplo, en estos momentos Marty Edelston tiene dos cargos, director general y «editor final». También desarrolla personalmente ideas de publicidad y marketing. Con esas múltiples responsabilidades, seguir la pista a todo se convierte en un desafío, así que es absolutamente necesario contar con una lista compleja que incluya tareas prioritarias, tareas generales, a quién necesita ver, llamadas telefónicas, etcétera.

Lun.Feb.14	Mar.Feb.15	Mier.Feb.16

Tareas por hacer
Sábado
Febrero 19

Sábado
Febrero 19

Enero

L.	Ma.	Mi.	J.	V.	S.	D.
						1
2	3	4	5	6	7	8
9	10	11	12	13	14	15
16	17	18	19	20	21	22
23	24	25	26	27	28	29
30	31					

Febrero

L.	Ma.	Mi.	J.	V.	S.	D.
		1	2	3	4	5
6	7	8	9	10	11	12
13	14	15	16	17	18	19
20	21	22	23	24	25	26
27	28					

Marzo

L.	Ma.	Mi.	J.	V.	S.	D.
		1	2	3	4	5
6	7	8	9	10	11	12
13	14	15	16	17	18	19
20	21	22	23	24	25	26
27	28	29	30	31		

Abril

L.	Ma.	Mi.	J.	V.	S.	D.
					1	2
3	4	5	6	7	8	9
10	11	12	13	14	15	16
17	18	19	20	21	22	23
24	25	26	27	28	29	30

Mayo

L.	Ma.	Mi.	J.	V.	S.	D.
1	2	3	4	5	6	7
8	9	10	11	12	13	14
15	16	17	18	19	20	21
22	23	24	25	26	27	28
29	30	31				

Junio

L.	Ma.	Mi.	J.	V.	S.	D.
			1	2	3	4
5	6	7	8	9	10	11
12	13	14	15	16	17	18
19	20	21	22	23	24	25
26	27	28	29	30		

Esta es la forma diseñada a medida por ordenador, utilizada por Leonard A. Lauder para sus tareas y citas.

Jue.Feb.17	Vier.Feb.18	Sáb.Feb.19
		Dom.Feb.20

Citas
Sábado
Febrero 19

Julio

L.	Ma.	Mi.	J.	V.	S.	D.
					1	2
3	4	5	6	7	8	9
10	11	12	13	14	15	16
17	18	19	20	21	22	23
24	25	26	27	28	29	30
31						

Agosto

L.	Ma.	Mi.	J.	V.	S.	D.
	1	2	3	4	5	6
7	8	9	10	11	12	13
14	15	16	17	18	19	20
21	22	23	24	25	26	27
28	29	30	31			

Septiembre

L.	Ma.	Mi.	J.	V.	S.	D.
				1	2	3
4	5	6	7	8	9	10
11	12	13	14	15	16	17
18	19	20	21	22	23	24
25	26	27	28	29	30	

Octubre

L.	Ma.	Mi.	J.	V.	S.	D.
						1
2	3	4	5	6	7	8
9	10	11	12	13	14	15
16	17	18	19	20	21	22
23	24	25	26	27	28	29
30	31					

Noviembre

L.	Ma.	Mi.	J.	V.	S.	D.
		1	2	3	4	5
6	7	8	9	10	11	12
13	14	15	16	17	18	19
20	21	22	23	24	25	26
27	28	29	30			

Diciembre

L.	Ma.	Mi.	J.	V.	S.	D.
				1	2	3
4	5	6	7	8	9	10
11	12	13	14	15	16	17
18	19	20	21	22	23	24
25	26	27	28	29	30	31

Gaston Caperton ha dicho: «En la actualidad no creo que un buen ejecutivo sea el que maneja la gente. Yo soy el *quarterback*, el jugador que organiza el partido, no el entrenador. Estoy en el campo, con los demás. Hay trabajos que haces tú mismo. Así que gobiernas esas tareas y te cercioras de darles a los demás lo que necesitan».

¿Es éste su estilo de lista? ¿Hay indicios que señalen que usted es, por temperamento, un director práctico para quien sería adecuada una lista enormemente detallada? Compruebe si alguna de las tres características siguientes se le pueden aplicar a usted:

- ☐ Trabaja con ganas en distintas tareas que tienen un principio y un final bien definidos.
- ☐ Le interesa saber cómo se hacen las cosas. Puede que hace años —o incluso ahora, para relajarse— disfrute haciendo ajustes en el coche o en el interior de un ordenador.
- ☐ Le gusta saber exactamente cuál es la situación de un trabajo en todo momento.

Si ha señalado dos de estas tres características, esto indica que una participación intensa en las tareas liberará su productividad.

LA LISTA MUY CARGADA DE UN EJECUTIVO

Una lista interesante y poco usual de este tipo es la diseñada por Marcia Zerivitz, fundadora y directora ejecutiva del Museo Judío de Florida, Miami.

Como la señora Zerivitz es quien toma la decisión final en todos los asuntos relacionados con el museo, a lo largo del día van cayendo encima de su mesa, literal y figuradamente, riadas de preguntas, tareas y decisiones que tomar.

Sus tareas abarcan desde escribir una nota de agradecimiento a un donante hasta negociar con la ciudad sobre talar un árbol que está dentro de la propiedad histórica de los terrenos del museo.

Para controlar todo esto, la señora Zerivitz divide su lista en nueve categorías principales de las que es directamente responsable: Trabajos de la junta, administración (estado mayor y las tareas de dirigir el museo), cuestiones de edificación, finanzas, recaudación de fondos, colección y programas del museo, marketing y relaciones públicas, comunicaciones y las actuales tareas de expansión.

Cada noche, antes de marcharse, revisa todos los papeles que se han acumulado en su mesa, junto con todas sus notas y apuntes. Por ejemplo, si en el curso de una llamada alguien le ha pedido que haga algo, lo anota en un papel adhesivo y lo añade a su lista. Nunca, nunca, confía en la memoria.

«Siempre le digo a todo el mundo —explica— que si no me ven anotándolo, me lo digan, porque de lo contrario no se hará.»

La señora Zerivitz elabora la lista de cosas por hacer al día siguiente organizándola por categorías. Por ejemplo, bajo «Personal», una entrada puede ser: «Hablar con el conservador sobre dos cosas en las que tiene que centrarse». Bajo «Junta» puede haber un recordatorio para llamar a un miembro de la junta directiva que le ha pedido, específicamente, que lo llame al día siguiente.

Éstas son sus prioridades, las cosas que sabe que tiene que hacer al día siguiente.

La señora Zerivitz elabora la lista en el ordenador, pero saca una copia impresa y la actualiza a lo largo del día. Cuando sale, mete la lista en su cartera. Nunca va a ningún sitio sin ella.

«Lo que más me gusta es eliminar cosas de la lista», dice riendo.

Una lista muy estructurada tiende a reflejar una mente muy estructurada, la de alguien para quien la tarea de organizar las diversas partes de su trabajo es la moneda de cambio en su reino. Así pues, el principio fundamental en la gestión del tiempo, cada día, son los medios y las maneras de realizar esas tareas.

Los otros dos estilos de las listas de los ejecutivos —la lista «continua» y la lista «minimalista»— son más sencillos, con menos variación de un ejecutivo a otro. Pero, curiosamente, las listas más sencillas representan una actitud compleja hacia el tiempo, en la cual los «indicadores de productividad» del día están bastante menos centrados en las tareas —aunque, por supuesto, también deban realizarse— y más enfocados a la interacción con los demás.

La lista maestra «renovable»

Este tipo de lista es simplemente una relación continua a la que se añaden cosas que hacer, constantemente, según van apareciendo.

SIETE VARIANTES DE LA LISTA MAESTRA «RENOVABLE»

1. *El sistema de los «trozos de papel».* Katharine Graham, la difunta presidenta de Washington Post Companies, a quien tuve la oportunidad de entrevistar hace varios años, creaba en colaboración con su secretaria una lista maestra reuniendo montones de notas. «Tengo una lista que apoyo en el tintero. Y la verdad es que todo acaba por hacerse.»

   Para anotar todas las ideas y recordatorios, la señora Graham tenía blocs junto a todos los teléfonos de su casa y encima del escritorio y cuando surgía algo, lo apuntaba. Todas esas notas se las pasaba a su secretaria, quien las reunía en la lista de cosas por hacer de la señora Graham. Si se trataba de una idea que ésta todavía no estaba preparada para llevar a la práctica, ponía una nota en su propio «fichero interior», en el lado izquierdo de la mesa, para sacarla más adelante.

2. *El método del bloc de taquigrafía.* Así es como trabaja Millington McCoy, directora ejecutiva de Gould, McCoy & Chadick, desde las oficinas de la empresa en Nueva York y Florida, según recoge Carol Hymowitz en un perfil del *Wall Street Journal*:

   «Lleva consigo un memorando de tres páginas con los trabajos actuales, que pone al día cada semana y que incluye todos los nombres y números que necesitará. Además, McCoy lleva siempre encima un bloc de taquigrafía donde anota sus planes, apunta las llamadas que ha hecho y tacha las tareas completadas. Este bloc, según dice, "no es nada sexy, pero puedo ojearlo en los aviones y los coches, para no perder de vista todo lo que estoy haciendo".»

3. *Una única lista maestra.* Para no sentirnos abrumados por la lista de cosas por hacer, es preciso dividir una lista maestra amplia en dos apartados: «Asuntos actuales» y «Para hacer más tarde».

   Una ejecutiva, Joy Soto Kocar, presidenta de Integral Solutions, una empresa de escritos técnicos, con sede en Colorado, dice que el concepto de una lista maestra la ayuda a controlar su vida, extremadamente activa. Kocar desglosó su lista maestra de la siguiente manera:

   a. Registre en una única lista maestra todas las ideas, llamadas, proyectos o tareas que surjan, grandes o pequeños, de poca o de mucha importancia. (Tenga siempre la lista a mano, a punto para usarla de forma inmediata, en papel, PDA o en el ordenador portátil.)

b. Revise la lista diariamente, dividiendo los proyectos de envergadura en partes manejables.

c. Compile, cada día, una lista de diez tareas que realizar, de forma realista, clasificadas por orden de importancia (al estilo de Charles Schwab). Anote por lo menos una actividad de «alta rentabilidad» cada día.

d. Programe los asuntos de alta prioridad para su momento más eficaz del día.

«Contar con una lista maestra, donde se dé prioridad a los objetivos que se tienen que alcanzar ayuda, de verdad, a poner las cosas en perspectiva», dice Kocar.

4. *El método del dictado.* Un director de una firma del sector de la moda, en Nueva York, que anda siempre muy justo de tiempo, añade, sin cesar, llamadas telefónicas que tiene que hacer, memorandos que escribir e ideas que seguir a su lista, mientras tacha lo que ya ha hecho. Al final del día, dicta la lista a su secretaria, especificando fechas de vencimiento y orden de prioridad. Su secretaria mecanografía una lista nueva y se la deja encima de la mesa cada mañana.

5. *La técnica de las fichas.* Un director regional de ventas de una compañía de instrumental médico se ha hecho con el control de su tiempo mediante fichas.

a. Anota cada tarea en una tarjeta, junto con la fecha de vencimiento y el tiempo de realización estimado. Por ejemplo: «Revisar tres propuestas, plazo, próximo agosto; dos horas». Destaca las priorides en rojo.

b. Cada mañana saca seis tarjetas del montón. Dos o tres son tareas de alta prioridad y el resto de importancia media.
c. Programa las tareas prioritarias para la mañana, cuando está más fresco.
d. Hacia las cuatro de la tarde completa las tareas pendientes que puede y pasa a otro día cualquier trabajo no acabado.

Cuando alguien le pregunta si tiene unos minutos, el director regional puede decir con total honradez: «Tengo un compromiso importante (con mis prioridades). ¿Le va bien que hablemos más tarde?»

6. *La lista basada en la carpeta recordatorio.* Nancy L. Lane, vicepresidenta retirada de relaciones con la comunidad de Johnson & Johnson, organiza su sistema de actividades por fechas. Fija un día para cada punto de su orden del día, anota las tareas específicas en su programa y luego guarda los materiales relacionados en una carpeta a la cual acude el día previsto. Si las circunstancias cambian y, después de todo, no puede hacerlo, se limita a reprogramar la tarea y la devuelve a la carpeta recordatorio para otro día.

7. *El trastero mental.* En su libro *Getting things done. The art of stress-free productivity*, David Allen describe una interesante manera de establecer una lista semanal de cosas que hacer. La llama «trastero mental en papel». En un cuaderno o en la PDA anota cada tarea, objetivo y cosa que le gustaría hacer que le pase por la cabeza. Luego divide las tareas en dos categorías; las que puede o debería delegar y las que debe hacer él mismo. Para cada tarea, anota los pasos que él

o aquellos en quienes delegue tienen que dar durante la semana venidera y el momento de empezar cada paso. Cada día comprueba la lista. Un buen momento para usar el «trastero mental» es al final de la semana laboral o el domingo por la noche, para poderlo mirar la semana siguiente.

Vea también la revisión de las listas basadas en las prioridades en el capítulo once, *Cómo gestionar prioridades múltiples*.

La lista «minimalista»

Curiosamente, y aunque no parezca muy sensato, un número importante de ejecutivos trabaja con listas extremadamente austeras.

UNA BUENA IDEA. REVISIÓN DE COSAS PENDIENTES

En su autobiografía, Lee Iacocca escribió que todos los domingos por la noche revisaba su lista de cosas por hacer de la semana anterior para ver qué había y qué no había hecho y luego elaboraba su plan de trabajo para la semana siguiente.

Cada día, repase rápidamente su lista de la forma siguiente:

1. ¿Qué es lo peor que podría pasar si se pospusiera o abandonara por completo esta tarea?
2. Suponiendo que se deba hacer, ¿es una tarea apropiada para mi nivel de responsabilidad? ¿La puedo delegar totalmente o en parte?
3. ¿Se puede simplificar, hacer menos detallada o reducirla de alguna manera?

Gerard R. Roche, de Heidrick y Struggles, extraordinario contratador de ejecutivos, trata de escribir cada día, antes de ir al trabajo, una breve lista de «tareas principales», las cinco o seis cosas más importantes que quiere hacer ese día. «Este tipo de trabajo va en contra de un enfoque planificado y bien organizado de las cosas, lo cual es una razón más para actuar de esa manera.»

Verna Gibson, en sus días en The Limited, también centraba su atención en un máximo de cinco o seis asuntos diarios.

Arthur Levitt es todavía más rápido. A lo largo del día se limita a anotar alguna que otra cosa que se presenta en una «tarjeta de programa» que lleva consigo. Cuando vuelve al despacho, él y su secretaria revisan las notas y hacen lo necesario de inmediato.

Así pues, la lista minimalista —que usan muchos ejecutivos de alto nivel— no podría ser más sencilla ni básica. Pero su misma simplicidad plantea una pregunta muy interesante: ¿Cómo es posible manejar responsabilidades de gran importancia con unos pocos recordatorios anotados en una tarjeta o bloc amarillo? Hay una respuesta fascinante a esta pregunta, pero dejemos de momento el análisis de las repercusiones de la lista breve y, con frecuencia, poco estructurada de los ejecutivos, que reabriremos cuando hablemos de su gestión del tiempo, en el capítulo catorce.

SEIS PASOS PARA TRABAJAR CON SU LISTA DE COSAS POR HACER

Crear un plan diario alcanzable —que se cumpla pese a las interrupciones— le permitirá volver a casa cada día con una sensación de logro y un enfoque renovado. Siga estos seis pasos, elaborados por Peg Pickering en su libro *How to make the most of your workday*, para poner en práctica su lista:

1. Anote todo lo que quiera conseguir durante el día.
2. Busque tareas que pueda delegar. Asígnelas de inmediato.
3. Anote cualquier tarea con un plazo de entrega específico directamente en su agenda.
4. Evalúe cada una de las tareas restantes según su dificultad y exigencia de tiempo estimados: altos, medios o bajos.
5. Asígnele un tiempo específico a cada tarea durante el día, recordando sus niveles de energía. No se sobrecargue, porque habrá cosas inesperadas que afectarán su plan.
6. Pase las tareas no completadas a la lista del día siguiente. No intente incluirlo todo. Sea siempre realista respecto a la cantidad de tareas a resolver, siendo razonable, cada día.

Consejo para forjar una carrera

Una lista que funcione es un mapa, un plan de navegación. La clave de los ejecutivos para usar el plan de forma productiva es (1) aislarse durante media hora cada día para trabajar en tareas de la máxima prioridad y (2) permanecer en alerta máxima, buscando intervalos, aunque sólo sean de cinco minutos, para avanzar alguna tarea, poco a poco. Con este avance en dos tiempos alcanzará sus objetivos.

¿Hay que enfrentarse a algún temor para conseguir la victoria? Por extraño que parezca, muchas personas se enfrentan al miedo de conseguir realizar, constantemente, las tareas de su lista. Es un auténtico logro. Significa vencer el miedo a ser una persona eficaz. Si esa clase de temor obstaculiza su avance, profundice, enfréntese a su miedo, reconozca su derecho y su capacidad para ser eficaz y ponga manos a la obra, de inmediato, para liquidar esas tonterías.

SIETE MEDIOS DE LOGRAR ALGO GRANDE EN DOS MINUTOS O MENOS

¿Dispone de pequeños lapsos de tiempo sin nada que hacer a lo largo de un día típico? Es asombroso lo mucho que se puede conseguir llenando con actividades que valgan la pena esos dos minutos que tiene que matar antes de marcharse a almorzar, por ejemplo, o mientras espera esa llamada de las diez. Aquí tiene siete pequeñas tareas «flash» que puede completar en dos minutos o menos:

- Coja el teléfono y confirme la hora de una reunión. Diga sólo: «Estaré allí a las dos el próximo martes» y cuelgue.
- Aplique el sistema TRAF a una o dos cosas de su bandeja de entrada. Aprovechar así un «flash» de tiempo, tres o cuatro veces al día, puede representar una gran diferencia.
- Grabe una nota corta o díctela directamente a su secretaria. En dos minutos, conseguirá dictar mucho más de lo que podría esperar.
- Corrija un documento de una o dos páginas. No es una tarea que exija los diez o quince minutos que solemos reservarle.
- Pídale a un miembro del equipo un rápido informe de un trabajo en marcha. Por teléfono, correo electrónico o en persona, es un «flash» muy eficaz.
- Borre dos o tres archivos viejos de su ordenador. Aplique su «flash» dos veces a la semana y limpie rápidamente el disco duro.
- Dé las gracias a un empleado o una secretaria por encargarse de algo, de forma muy competente, el día antes. Animar al personal puede estar a sólo un «flash» de distancia.

4

El arte de la agenda

Cuando Arthur Levitt empieza su ronda de reuniones y citas, su agenda consiste sólo en el programa del día que su secretaria ha mecanografiado en una ficha y que él lleva en el bolsillo para consultarla en cualquier momento, de inmediato. «Siempre compro camisas con bolsillos por esa razón», explica. Si, durante el día, surge algo que quiere anotar, lo apunta en la tarjeta y más tarde habla de ello con su secretaria.

En cambio, la doctora Julie Flagg, jefa de una próspera consulta de varios médicos en Wesleyan, Connecticut, es una devota de Palm. Otros ejecutivos, como Brian Kurtz, vicepresidente ejecutivo de Boardroom, Inc., se sentiría perdido si le despojaran de sus gruesos Day Runners o Franklin Planners.

Para los ejecutivos de alto nivel, su agenda es más que una agenda, es el «centro de la acción», una vital herramienta de productividad que les permite controlar su tiempo; con todos sus recordatorios y su información almacenada, es la carta de navegación que guía sus días.

Aunque los ejecutivos expresan más su individualidad en la agenda que seleccionan que en casi cualquier otro aspecto de la gestión del tiempo, lo que todos tienen en común es que, igual que sucede con el papeleo y las llamadas telefónicas, están muy disciplinados en el tratamiento diario de esas agendas o planificadores.

Esa dedicación es uno de esos valiosos sellos distintivos que se pueden desarrollar con facilidad, independientemente de cuáles sean sus responsabilidades. El tratamiento disciplinado se divide en cuatro partes:

1. Elegir la agenda que sea más eficaz para usted.
2. Anotar todas las actividades posteriores y la información útil a medida que surgen.
3. Comprobar con fidelidad la agenda cada día.
4. Actuar sobre todos y cada uno de los recordatorios anotados en su agenda.

Para que su agenda cumpla su función debe cumplir fielmente las cuatro tareas anteriores. Sin embargo, la capacidad para hacerlo con eficacia depende de que elija el estilo adecuado para usted. Así que empezaremos por eso.

Cómo elegir su útil de trabajo para «tenerlo todo junto»

Con frecuencia los clientes me preguntan qué tipo de agenda creo que es mejor. En mis primeros tiempos como organizadora les aconsejaba la agenda que a mí me iba bien, pero con el paso de los años he descubierto que una agenda es algo más personal, algo parecido a las huellas digitales.

Mi estudio de los ejecutivos de alto nivel me ha confirmado en la conclusión de que no existe un único estilo de agenda para directores generales. Varía desde la expresión mínima —programas mecanografiados en una hoja de papel o tarjeta, al estilo Arthur Levitt— hasta unas guías vitales enormemente complejas. Al parecer, la lección es que es esencial contar con una agenda organizada con la que consultar cada día, pero la metodología y el tipo —papel y electrónica— varían ampliamente.

Cuando se trata de elegir esa valiosa herramienta, lo bueno es que todos los caminos de las agendas llevan a Roma. La pregunta es cómo se quiere llegar allí.

Con frecuencia, la gente se queja de que tiene problemas para encontrar tiempo, cada día, para mantener su agenda limpia y ordenada. Según mi experiencia, ese problema no lo genera ningún enorme fallo personal, más bien es la consecuencia de haber elegido un tipo de agenda equivocado para determinada manera de trabajar.

Para empezar, hágase estas tres preguntas:

1. ¿Participa en proyectos de larga duración que exigen múltiples reuniones y plazos complejos? Si es así, quizá prefiera una agenda manual, como la Franklin Planner. Aunque es un poco pesada para cargar con ella, le ofrece mucho espacio para tomar y guardar notas en un único sitio y controlar todo lo que está haciendo, en detalle, con un único útil de referencia.
2. ¿Trabaja sobre la marcha, con una orientación más al día a día (por ejemplo, ventas, donde tendrá muchas citas)? Si es así, quizá prefiera una agenda ligera y con la que sea fácil trabajar, por ejemplo, una Day-Timer o una PDA.
3. ¿Tiene un complejo programa en su vida laboral/personal que es preciso integrar de acuerdo a un tiempo real? Si es así, quizás una PDA, que puede llevar a todas partes —incluso al partido de fútbol de su hijo—, sea la mejor alternativa.

Para ayudarle a definir mejor el tipo de agenda que le resultará más eficaz personalmente, tómese un minuto para rellenar este cuestionario:

CÓMO ELEGIR UNA AGENDA

¿Qué tipo de material conserva o
le gustaría conservar en su agenda?

Tipo de material	Sí	No	Si no, ¿dónde guarda este material (por ejemplo, en una agenda para correo de voz)?
Actividades de seguimiento, cosas que controlar y vigilar.			
«Actas» breves y cosas que hacer derivadas de reuniones, específicamente con su jefe.			
«Actas» breves y cosas que hacer, derivadas de otras reuniones y citas.			
Listas de tareas.			
Cosas que hacer que ha delegado y/o pasado a otros.			
Mensajes telefónicos.			
Objetivos inmediatos/a corto plazo.			
Objetivos a largo plazo.			
Direcciones y números de teléfono			
Cumpleaños, aniversarios, aniversarios del personal, recordatorios para enviar tarjetas y regalos.			

Si ha señalado más de tres apartados en la columna del «sí» o si bien ha visto que no tiene un lugar satisfactorio para tres o más cosas, entonces una agenda de servicio completo —y no una agenda de bolsillo como la de Akira Chiba (vea página 98) o una simple «semana a la vista»— puede ser lo que necesita.

CONSEJO ELECTRÓNICO

Si quiere digitalizar un cuaderno de direcciones escrito a mano para incorporarlo a su ordenador y poder sacar copias impresas para su agenda, pero su secretaria no puede leer su letra, díctelo.

Grabe el contenido de su libreta en una grabadora y deje que su secretaria transcriba la cinta. Eso no sólo introduciría esos nombres y números en el ordenador, sino que le permitiría eliminar viejas direcciones y añadir información pertinente donde fuera necesario, a medida que avance en la grabación.

Agendas exhaustivas frente a agendas sencillas

Cuando empecé a analizar los sistemas de gestión del tiempo de los ejecutivos de alto rango, me preguntaba si tendrían algún tipo especial de agenda muy compleja, pensada en especial para gestionar sus complicados programas, pero descubrí que, por el contrario, la mayoría había adoptado uno de los métodos básicos, basándose en su forma de trabajar y su temperamento. Lo bueno es que ambos estilos funcionan, así que según vaya leyendo cuando sienta de manera instintiva que uno de ellos encaja, adóptelo.

La agenda «sin florituras»

Francamente, me quedé sorprendida por el gran número de ejecutivos que, como Arthur Levitt, sólo usan los programas más sencillos, más austeros, que consisten en anotar en tarjetas. Puede que vivamos en la era digital, pero muchos directores generales prefieren ser fieles a lo básico.

Al igual que el señor Levitt, Jeanette Wagner, vicepresidenta retirada de The Estée Lauder Companies, lleva una tarjeta de color azul, con su agenda, preparada por su secretaria. La señora Wagner usa la tarjeta para controlar sus gastos, anotar el precio del taxi, el almuerzo y otras cosas. De vuelta al despacho, grapa los recibos a la tarjeta y se lo pasa todo a su secretaria para que lo tramite.

Leonard A. Lauder, presidente de Estée Lauder, usa una variante del mismo tema. Su secretaria saca una copia impresa de su programa diario, en tamaño reducido, y la inserta en un marco para fotos, que deja encima del escritorio para que él la tenga a la vista todo el día, lo cual le ayuda a no despistarse. Cuando sale a la calle, se lleva una copia con él.

Soy la primera en admitir que la razón de que muchos directores generales funcionen con este sencillo sistema es que tienen secretarias que les organizan la agenda. Una periodista que conozco y que se dedica a entrevistar a altos cargos empresariales, me ha dicho que, según su experiencia, casi siempre son las secretarias de los ejecutivos quienes acuerdan las entrevistas, porque sus jefes están demasiado ocupados todo el día y no tienen el tiempo ni la inclinación para averiguar cuándo pueden reunirse o hablar con alguien.

Dicho esto, la autoridad de una secretaria para acordar citas en nombre de su jefe puede variar ampliamente, desde organizar todas las entrevistas a no organizar ninguna. Dado que quizá no disponga todavía de una secretaria a jornada completa que programe sus citas, si quiere adoptar la versión sencilla de la tarjeta para cuando se desplace, quizá tenga que combinarla con una agenda normal para su escritorio, a fin de que no se le pase nada por alto.

Faye Davis utiliza un sistema intermedio. Su secretaria usa la agenda en línea MS Scheduler y la mantiene constantemente al día. «La principal responsabilidad de mi secretaria es encargarse de mi agenda —dice la señora Davis—. Hay montones de reuniones, montones de cambios. Tiene que saber qué hacer si llama el director general. Tiene que saber a quién decir "no" y a quién derivar a otra persona.» Su secretaria imprime el programa del día, que la señora Davis conserva encima de la mesa y se lleva cuando sale.

Sandra Kresch, antes socia de Booz Allen y ahora consultora independiente, dice que una de las más importantes aportaciones de su secretaria es reunir toda la información detallada y los documentos que la señora Kresch necesita para el día.

ESTRATEGIAS DE UN EJECUTIVO PARA LA GESTIÓN DE SU AGENDA

Teodoro Benavides, administrador de la ciudad de Dallas, Texas, insiste en revisar su agenda de forma regular. Dice: «Cada viernes le pido a mi secretaria que me dé mi agenda para los tres meses siguientes. La reviso durante el fin de semana y hago cambios: "Vaya, esos días están demasiado llenos. Necesitaré tiempo para informarme, así que tendré que aligerarlos". O "Se trata de una cuestión muy importante, así que necesitaré dedicarle más tiempo para prepararme"». En ese caso, le pide a su secretaria que programe de nuevo algunos compromisos para disponer del tiempo que necesita. Lo interesante es que, en todo momento, es consciente de su necesidad de no dejar nunca que su agenda se sature en exceso, para poder reaccionar de forma flexible.

La señora Kresch dice: «Cuando (mi secretaria) se marcha por la tarde, me deja preparada una agenda detallada para el día siguiente y todos los documentos que necesito. Si tengo entrevistas, hay currículos adjuntos. Si hay una reunión de la junta, tengo actas adjuntas, etcétera. Y hay direcciones si voy a salir a hacer cosas y si tengo que ir al aeropuerto, sé quién me recogerá y quién me llevará, lo que sea. Todo está extremadamente bien organizado».

Incluso si usted no tiene una secretaria para hacer esto, la idea es buena. Procure reunir toda la información que necesita en relación con cada cita o reunión la noche antes y anótela en su agenda para tenerla a mano y salir rápidamente.

La agenda exhaustiva

Ahora llegamos al otro extremo del espectro; la agenda completísima que contiene toda su vida, sea encuadernada o en una PDA.

CUANDO DOS AGENDAS SON MEJOR QUE UNA

Igual que muchos líderes corporativos, puede que usted esté en movimiento todo el tiempo, viajando, asistiendo a reuniones fuera del despacho, etcétera. Esto puede hacer que algunas personas tengan dos agendas para no perder de vista ese blanco móvil. También aquí, es usted quien decide qué prefiere.

Mis estudios señalan que la mayoría de ejecutivos usan una sola agenda, unificada, para sus actividades profesionales y personales. Una profesional, Mary Farrell, del departamento de educación del Estado de Nueva York, señala que tanto si el compromiso es una reunión corporativa como arreglar el triciclo de un hijo, el tiempo es el tiempo y todo debería estar en el mismo sitio.

Por otro lado, Marcia Zerivitz, del Museo Judío de Florida, prefiere tener dos agendas y comenta: «Tengo dos Day Runners... Me he acostumbrado a anotar cosas en los dos sitios. Tengo una grande, encima de mi escritorio, donde está todo. Si le he pedido al conservador que tenga algo listo para el jueves, lo anotaré en la Day Runner del escritorio... Todas las notas diarias van allí, todo lo que tengo que recordar».

La Day Runner más pequeña que la señora Zerivitz lleva siempre encima destaca las tareas que tiene que hacer ella misma; recados, llamadas desde fuera del despacho, un asunto que discutir con alguien en un almuerzo de la cámara de comercio...

Hoy, muchos ejecutivos usan soportes diferentes para sus dos agendas; tal vez, una agenda de papel en el despacho y una PDA para ir y venir.

La idea de una libreta que lo abarque todo como instrumento de navegación diario se implantó en la década de 1980 con la aparición de Filofaxes, Day-Timers y la ubicua Franklin Planner. Desde entonces, la idea ha adoptado forma digital con la Palm Pilot y otros productos similares.

¿Cómo utilizan los ejecutivos y directores esas agendas de estilo global? Jenette Fetzner, vicepresidenta de cuentas nacionales de CIGNA, cree que su capacidad para actuar con éxito cada día depende en gran medida de su agenda global, que incluye no sólo citas, sino listas de teléfonos y correos de voz y proyectos en marcha.

Otro ejecutivo que combina citas, tareas y recordatorios en la misma página es Ronald Goldsberry, presidente de OnStation Corporation, uno de los principales proveedores de tecnología de canales basada en Internet. «Tengo una libreta en la que planeo mi propio día, en términos de llamadas telefónicas que tengo que hacer o mensajes que quiero enviar a alguien o recordatorios para mí mismo. Es una Day-Timer. La uso, creo, desde hace quince años.» El señor Goldsberry recoge todo en su Day-Timer, incluso, por ejemplo, una cuestión planteada por uno de los directores de su empresa que no quiere perder de vista.

CONSEJO POST-IT DE UN EJECUTIVO

Bill Dugan, ejecutivo de Briefings Publishing Group, de Alexandria, Virginia, confía en su agenda manual. Cuando alguien fija una cita provisional o él necesita controlar algún asunto, en lugar de anotarlo a lápiz, pega un *post-it* de tres centímetros en su agenda, en el lugar adecuado. Si tiene que cambiar la fecha, puede, sencillamente, trasladarlo a otro sitio, según exijan las circunstancias. Sólo lo anota en la agenda cuando ese asunto ha finalizado, sea por fecha o momento.

Si es usted de los que les gusta guardarlo todo, incluyendo los objetivos a largo plazo, en un único lugar para tener una referencia fácil, entonces las agendas más detalladas serán las que mejor le irán.

¿Manual o digital? Un debate al rojo vivo

Las opiniones están divididas entre los ejecutivos respecto al uso de las agendas Palm o las de papel.

Como señala Marcia Zerivitz, es preciso saber qué te va mejor. Ella continúa prefiriendo la agenda manual, en su caso una Day-Runner. «Tengo que ver el papel —explica—. Tengo que ver las cosas escritas. Yo funciono de esa manera. No creo que me pase nunca (a una agenda electrónica).» Cuando acuerda una cita, suele divertirle ver cómo alguien picotea hábilmente en una PDA sólo para introducir los datos incorrectamente. «Siempre aparecen el día equivocado. Y yo me digo, pues sí que va bien la PDA. No consiguen que funcione la agenda.»

Aunque Pokemon es una empresa muy sofisticada tecnológicamente que crea *software* interactivo, Akira Chiba, su presidente en Estados Unidos, prefiere usar una agenda manual de tamaño bolsillo en la cual apunta no sólo sus citas, sino cualquier cosa que quiera controlar, como números de teléfono, breves «actas» de reuniones y cosas similares. Ni siquiera tiene una PDA.

En el campo contrario está la doctora Julie Flagg, médico jefe de una gran consulta médica de obstetricia y ginecología de Wesleyan, en Connecticut, que es una gran aficionada a las Palm. La doctora Flagg tiene dos trabajos, como directora general de su consulta, formada por varios médicos, y como médico en activo. Administrar sus múltiples responsabilidades significa que su «instrumento para tenerlo todo junto» es de primordial importancia. «Pensaba que me llevaría la Filofax a la tumba —insiste—, pero la Palm ha sido un avance increíble para mí. La llevo en el cinturón. La tengo conmigo todo el tiempo.» Dice que lo siguiente es lo que tiene en su Palm:

- Direcciones.
- Lista de trabajos en marcha (unos setenta).
- Personas a las que hay que telefonear hoy.
- «En espera» (por ejemplo, si le dijera que quería su opinión sobre esta conversación, lo anotaría en «en espera»).
- Lista de comunicaciones («Una marca para mi socia Beth, otro para la administradora de la oficina, Linda... así que, cuando veo a Linda, aprieto el botón y veo qué quiero decirle»).
- Protocolos («Si está embarazada y es diabética, se deben seguir ciertos protocolos»).
- Lista de «siguiente actividad» («Por ejemplo, después de una reunión con la plana mayor, si hay algo que se supone que tengo que hacer yo, lo incluyo en la zona de "siguiente actividad"»).

El factor primordial que animó a la doctora Flagg a pasarse a la electrónica fue la disponibilidad de referencias médicas digitales actualizadas sobre medicamentos. Cuando decidió que necesitaba esa referencia, la transición fue inevitable. Y, claro, además puede sincronizar su Palm con el ordenador.

Cuenta con otro multiplicador de tiempo: aprendió a usar Graffiti en pocas horas y lo prefiere a garabatear cosas en su Filofax, debido a la necesidad de ir más lenta. Cree que la obliga a centrarse más en el tema de que se trate. Curioso.

Si, al igual que ella, es usted una persona que no para y lleva siempre la Palm en el cinturón, ese es otro multiplicador. Lo que haya introducido allí no desaparecerá, así que no tendrá esa sensación de pánico: «Dios mío, ¿dónde lo habré puesto?»

La doctora Flagg sólo ve una desventaja en la Palm: no visualiza toda la semana a la vez, algo que sí le ofrecía la Filofax que tenía encima de la mesa.

Pese a las muchas ventajas de pasarse a lo digital, parece que la tendencia es seguir con las agendas manuales o volver a ellas y abandonar las electrónicas. Y he conocido a muchos ejecutivos a quienes les gusta su agenda manual y se mantienen fieles a ella, pese a estar en la era electrónica.

Un ejecutivo —jefe regional de ventas de una compañía de instrumental médico— me confesó que él había dado marcha atrás. Durante años, su Franklin Palmer fue una carta de navegación fiable en la cual anotaba todas las tareas, las notas de las reuniones, las llamadas telefónicas y el seguimiento de los asuntos, pero sus colegas lo convencieron para que «entrara en el siglo XXI» y se pasó a una PDA. Entonces empezaron los problemas: empezó a fallar en el cumplimiento de plazos porque no podía introducir la información en su PDA con la suficiente rapidez.

Un día se vio en un serio aprieto cuando no consiguió organizar una serie de reuniones que su jefe le había pedido, porque no los había introducido en la PDA, y entonces volvió a su vieja agenda: «Fue como dar la bienvenida a un amigo que no vemos desde hace tiempo».

En uno de mis seminarios, donde debatíamos esta cuestión, una mujer ofreció una plantilla sucinta para determinar en qué casos sería preferible una agenda manual o una electrónica, lo cual no implicaba estar reñido con la tecnología.

En tanto que jefa de ventas, esta mujer pensaba que su PDA era el cordón umbilical que la unía a su personal y a sus clientes. Su PDA era sobre todo un instrumento de *referencia* —quién hacía qué y dónde— y también un instrumento de *conexión*.

Si era preciso cambiar los programas o si quería convocar la reunión que tenía con su equipo por la tarde, comunicaba todo esto a través de las PDA de todos. La única regla era que todos los miembros de su equipo tenían que comprobar la PDA cada media hora a menos que estuvieran con un cliente.

Por otro lado, el esposo de esa mujer, que era muy hábil con el ordenador, continuaba usando un Day-Timer porque era mejor para unos usos diferentes. Su agenda era, ante todo, un instrumento de *captura* y un *apunte para la memoria*. Aunque la jefa de ventas usaba también su PDA para tomar notas y apuntes, en su trabajo le daba un uso subordinado. Para su esposo, era el uso principal. Su agenda era el «control central» donde reunía toda la información.

Si sigue inseguro en cuanto a pasarse a lo digital, tómese un minuto y rellene este breve cuestionario:

	Sí	No	¿Digital o manual?
¿Se limita a anotar una lista de citas, con poca o ninguna información?			Manual o digital está bien, pero, probablemente, la digital es más fácil de usar y mantener.
¿Tiene que coordinar su agenda con otros de forma habitual?			Si es así, digital, sin ninguna duda.
¿Anota información importante en su agenda, además de su programa?			Si es así, probablemente una agenda manual será su instrumento preferido.
¿Es un auténtico experto en el uso de Graffiti u otro instrumento PDA de escritura?			Si no es así y ha de tener apuntes importantes, usaría, sin dudar, una agenda manual. Si es experto, una PDA podría servirle.

Independientemente del estilo o formato que adopte, la clave para una gestión del tiempo y un funcionamiento eficaces es contar con un sitio cómodo y automático donde (1) registrar los asuntos necesarios y (2) abordarlos sin demora.

Como le dirán los directores generales, *el hábito que marca la diferencia —que hace que esos sencillos instrumentos funcionen— es la gestión diaria*, necesaria para que su trabajo fluya sin obstáculos y para que logre realizar todas sus tareas. Cuando se descuidan las tareas de seguimiento y todo lo demás, se acaba con una carga de trabajo que es un auténtico atolladero.

Cuatro trucos rápidos para optimizar su agenda

1. En una PDA, use negrita o cursiva para identificar las prioridades o asuntos especiales, por ejemplo, las tareas encargadas por su jefe. En una agenda manual, use rotuladores.
2. Si se decide por lo manual, aligere la pesadez de anotar los cumpleaños y similares cada año y cree una lista separada de «cumpleaños y similares» que usted —o todavía mejor, su secretaria— puede utilizar como guía para anotárselos en la agenda. Anote un recordatorio al principio de cada mes para comprar las tarjetas correspondientes a ese mes, prepararlas, franquearlas y echarlas al correo el día adecuado.
3. Usuarios de agendas manuales: Para precaverse del horror de perder la agenda, tenga una copia de seguridad de las direcciones y de cualquier información permanente en su ordenador. Al principio de cada semana, fotocopie las entradas de la semana más las de las dos semanas siguientes. Guarde las fechas importantes, por ejemplo, las de la conferencia anual y los informes trimestrales, en su ordenador o en un bloc aparte.
4. Éste es un tesoro escondido para los usuarios de agendas manuales: al principio de cada año, antes de guardar la agenda del año anterior en el archivo, ojéela rápidamente en busca de perlas de información útil. Quizás encuentre, por ejemplo, en unas notas de una reunión con su jefe en marzo que le habló de un proyecto que le gustaría iniciar y que no cuajó en aquel momento, así que decide mencionarle la posibilidad de reactivar la idea. O, quizás, en junio, hubo una reunión interesante de una organización sectorial, pero usted no se apuntó en la lista de correo electrónico, así

que le pide a su secretaria que entre en su sitio *web* y lo ponga en la lista.

Independientemente del sistema o la combinación que use, le ofrezco este pequeño consejo: He visto a directores derrotados por tener demasiados instrumentos de trabajo, en demasiados lugares. Asegúrese de que los que seleccione se integren bien.

5

El «cuaderno de capturas». Un híbrido interesante

Se trata de una herramienta de uso rápido y sencillo que numerosos directores y ejecutivos elogian porque los ha salvado más veces de las que quisieran contar. Se trata de un cuaderno corriente en el cual anotan ideas e información, al azar. No es una lista de cosas que hacer, aunque también puedan recogerlas en el cuaderno. No es un programa ni una agenda, aunque pueda haber cosas sometidas a un calendario.

El «cuaderno de capturas»

Básicamente, para usar la frase de David Allen, es un «trastero mental», un depósito adonde van a parar todas esas cosas varias y diversas que tendemos a anotar en pegatinas amarillas o garabatear en sobres. Pero los ejecutivos que usan un único cuaderno —lo que yo llamo el «libro de capturas»— las guardan en un único lugar, por lo general en un único cuaderno consagrado a ese propósito.

La gente usa sus cuadernos de diferentes maneras. Para algunos son simplemente listas de números de teléfono o breves notas de recordatorio, mientras que otros los usan como «cuadernos de ideas», en los cuales anotan futuras posibilidades.

Lucette Kirbach, de Legal Services Society, de la Columbia Británica, dice: «Tengo un cuaderno junto al teléfono.

Cada mañana lo abro y pongo la fecha a una nueva página y, durante el día, apunto, en forma abreviada, todos los mensajes, peticiones, recordatorios, direcciones, números de teléfono, etcétera. Cuando me he ocupado de un asunto, lo tacho y escribo la fecha al lado». Este cuaderno ha sacado del apuro a la señora Kirbach muchas veces.

William Bratton, jefe del departamento de policía de Los Ángeles y anterior comisario de policía de la ciudad de Nueva York, a quien se le reconoce el mérito de haber reducido drásticamente los delitos en esa ciudad durante su tiempo de servicio, cuenta con una variante del «cuaderno único».

Durante el día se mueve mucho de un sitio a otro para visitar puestos alejados del muy extenso departamento de policía de Los Ángeles. Para estar seguro de que retiene, digamos, un asunto que un capitán de una comisaría le ha pedido que investigue o atender a una petición de un ejemplar de su libro *Turnaround. How America's Top Cop reversed the crime epidemic*, o un número de teléfono lleva unos cuantos cuadernos de pequeño tamaño para ir anotando todas esas cosas, ya que no confía nunca en la memoria.

El jefe Bratton dijo, con aire contrito: «La cruz de mi existencia es que no he conseguido dominar el arte de tener un único cuaderno. Veo mucha gente que tiene mucha habilidad en ese terreno».

Pero de vuelta en su despacho, revisa sus notas y apuntes, elimina los que no valen la pena y escribe los que quiere recordar en un cuaderno con espiral que tiene encima de la mesa.

El jefe Bratton pondrá en marcha las tareas o medidas que le aconsejan sus anotaciones o tendrá, sencillamente, un lugar a mano para guardar un número de teléfono o una breve nota de una conversación a la que quizá quiera volver al cabo de unos días. Cree que su cuaderno es una referencia y un recordatorio valiosos.

Richard Branson, fundador y presidente de Virgin Atlantic Airways, cuenta también con un cuaderno entre sus instrumentos de trabajo favoritos. Conserva ciento veintidós cuadernos que ha ido llenando a lo largo de los años. «Cuando veo que la gente no anota las cosas —dice—, no me lo puedo creer. Uno sabe que no se van a acordar de todo.»

Por ejemplo, cuando Branson viaja con Virgin Atlantic, anota las cosas que quiere mejorar, por ejemplo, asientos que no se inclinan bien o el tiempo excesivo que tuvo que esperar un pasajero en silla de ruedas para que lo ayudaran.

Karen Settle, fundadora y presidenta de Keystone Marketing Specialists, de Las Vegas, que lleva un cuaderno de notas y agenda teléfonica, con espiral, de tamaño carta, usa rotuladores de colores —rojo para actividad, amarillo para cita, verde para familia— para identificar fácilmente los asuntos que no puede perder de vista.

La señora Settle, que llena un cuaderno completo aproximadamente cada mes, dice que con este sistema lo reúne todo, en orden cronológico y con una sencilla forma de diario. Además, impide que garabatee notas y números de teléfono en trozos de papel que luego pierde.

Mi propia editora me ha contado que encuentra útil separar, dentro del cuaderno, las cosas por hacer de otras notas más importantes. «Uso la parte derecha de un cuaderno con espiral para anotar todas las cosas que tengo que hacer (todo, desde redactar las solapas de un libro hasta enviarle un e-mail a mi jefe) y los mensajes telefónicos. El lado izquierdo lo uso para tomar notas de una conversación telefónica o de una reunión. Así tengo tanto la información importante como las cosas más corrientes que hacer en un solo cuaderno, pero separadas según la página en la que están escritas.»

La idea de recoger ideas y percepciones importantes en un único lugar —una especie de «cuaderno de posibilidades»— era un tema fundamental para varios ejecutivos.

Larry Alterwitz, cabeza de Walker Furniture Company, una empresa familiar de Las Vegas, tuvo la idea, que apuntó en el cuaderno que tiene en su mesa, de elaborar una «agenda de marketing» de sus competidores. Propuso que su empresa empezara a controlar cuándo cambiaban sus competidores los escaparates, cuáles eran los motivos de decoración, cuándo introducían diferentes conceptos de publicidad en diferentes momentos del año, diferentes tipos de anuncios y así sucesivamente. Según dijo: «Tú haces tu propia carrera y al mismo tiempo sabes dónde están tus competidores y qué tratan de hacer».

En la revista *Business 2.0* (junio 2002) hay una cita de Martha Stewart: «Nunca descarto una inspiración. Cuando viajo, siempre meto varios cuadernos azules con espiral en la maleta, uno por cada mes. Los uso para apuntar mis ideas y nunca los tiro».

Carl Menk, anterior director de la empresa de contratación de ejecutivos Canny, Bowen, tiene un cuaderno en la mesita de noche para apuntar cualquier idea que se le ocurra en mitad de la noche. No obstante, reconoce contrito que la mayoría de esas ideas nocturnas no merecen ser llevadas a la práctica. Según dice: «La productividad de mis notas de las tres de la madrugada es de alrededor del treinta por ciento». ¡A mí me parece que no está nada mal!

Variaciones sobre el tema del «cuaderno de capturas»

Tarjetas. El instrumento «de captura» preferido de muchas personas son las tarjetas.

Anne Lamott, autora de *Bird by Bird. Some instructions on writing and life*, vive según sus tarjetas, que le sirven como caudalosa fuente de ideas y percepciones.

«Una de las peores sensaciones que puedo imaginar es tener un momento de percepción maravilloso... y luego perderlo», confiesa. Así que tiene tarjetas y bolígrafos distribuidos por toda la casa y lleva a todas partes un bolígrafo y una tarjeta en el bolsillo, para dejar constancia de cualquier idea y observación que se le ocurran.

«Si trabajo en un libro o en un artículo... sujeto (las tarjetas) con un clip a una página de papel donde esa idea o imagen quizá dé vida a otras cosas.» Cuando se encalla en sus escritos, mira sus tarjetas en busca de inspiración.

«Creo en las listas y creo en tomar notas y creo en las tarjetas para ambas cosas», dice Lamott.

Una carpeta de «ideas». Marcia Zerivitz, del Museo Judío de Florida, usa una «carpeta de ideas» en lugar de un cuaderno. Para explicar cómo usaba la carpeta, la señora Zerivitz comentó que el museo había instaurado un nuevo nivel jerárquico, una comisión asesora. Su primera reunión se celebró como si se tratara de una conferencia, pero algunas personas dijeron: «¿Sabe?, sería muy útil que la próxima vez nos sentáramos alrededor de una mesa para vernos unos a otros». Así que anotó esa propuesta en una hoja y la metió en la carpeta.

«No es posible hacer todo lo que todo el mundo propone», advierte la señora Zerivitz. Pero revisa la carpeta de forma regular y hace un esfuerzo para poner en práctica las nuevas ideas que son factibles.

Dictado. Para los que tienen acceso a servicios de transcripción, una alternativa «tecno» al ubicuo cuaderno es el dictado. Una de las estrategias favoritas de James Kerasiotes, anterior presidente de Massachusetts Turnpike Authority, es registrar sus ideas dictando memorandos, notas y cosas por hacer en una pequeña grabadora que lleva consigo a todas partes, para que su secretaria las transcriba más tarde.

Marty Edelston, de Boardroom, Inc., seguía la misma práctica y luego le pedía a su secretaria que imprimiera cada nota en un distintivo papel verde, que se convertía en «mina activa» de ideas e iniciativas que lanzar... o tirar a la basura.

Una versión puesta al día de la idea del dictado es el *software* con reconocimiento de voz. Robert J. Giordano, director de MRB Investor Relations, en Nueva York, cree que su sistema de toma de decisiones ha subido de nivel por su capacidad para estudiar diferentes opciones usando el *software* Dragon Naturally Speaking (vea el apartado de la página 111).

Pero, por el momento, los populares bolígrafo y cuaderno parecen ser los instrumentos preferidos para capturar ideas, hechos aleatorios y reflexiones. Y algunas personas incluso tienen un «lápiz mágico». Un ejecutivo me dijo que usa una pluma especial y que, por alguna razón, sus ideas y pensamientos parecen fluir con mucha mayor libertad con ella que cuando usa cualquier otro útil de escritura. En una ocasión, la perdió durante una semana y confiesa que se sintió un tanto perdido. Por suerte, la volvió a recuperar y todo cambió de nuevo para él.

Es casi imposible, excepto para quienes son extremadamente hábiles con Graffiti, hacer esta clase de anotación rápida de ideas y hechos, según se producen, en una PDA. Cuando los ordenadores de tablilla y el *software* de reconocimiento de voz estén verdaderamente listos para el momento de máxima audiencia, es posible que la digitalización lo invada todo.

La lección que podemos extraer de los directores generales es la importancia que tiene idear un sistema fiable de «captura» para usted mismo. No se puede esperar que nadie lo recuerde y lo controle todo.

DICTADO *REDUX*. UNA MANERA CLÁSICA DE AHORRAR TIEMPO

Ese manera clásica de ahorrar tiempo —el dictado— ha vuelto a escena gracias a un software puntero en el reconocimiento de voz.

Aunque el dictado ahorra mucho tiempo respecto a la escritura a máquina, al parecer la gente todavía desconoce todas sus ventajas.

Para Robert J. Giordano, director general de MRB Investor Relations, de Nueva York, la posibilidad de dictar, sin contar con una secretaria, usando Dragon Naturally Speaking Software, ha multiplicado su eficacia.

Beneficios: Giordano dicta todo tipo de textos, pero cree que el programa brilla con un fulgor especial en situaciones en las que los «diálogos» son útiles: Hacer el guión para una conferencia con unos clientes, por ejemplo, o *role-playing* una reunión difícil con los representantes sindicales o con posibles inversores.

Otro beneficio bastante inesperado es la mejora de la capacidad de decisión. Giordano descubrió que gastaba menos tiempo y podía reaccionar con mayor rapidez ante cualquier cuestión si dictaba lo que pensaba.

Un añadido increíblemente cómodo: Hay también un producto portátil para dictado que se puede llevar en el coche, para dictar mientras se conduce y luego descargarlo como se haría con una Palm.

Puesta en marcha y logística: Giordano averiguó que era necesaria media hora de «preparación» para que el programa reconociera y respondiera a su voz. ¡Él lo preparó leyendo *Alicia en el País de las Maravillas!*

En ese punto, la precisión era de un setenta y cinco por ciento, pero subió rápidamente hasta el noventa por ciento después de un uso regular. El manejo de nombres propios puede ser irritante, pero si esos nombres se usan de forma habitual, una vez corregidos, el programa los «recordará».

La puntuación y los elementos estilísticos se insertan oralmente: coma, punto, doble espacio.

Una vez hemos introducido el documento en el sistema, se pueden teclear enmiendas y el documento se puede corregir o revisar igual que cualquier otro documento.

Desventaja: La única desventaja que Giordano encontró en el sistema es que, como se llevan puestos cascos, es incómodo dictar mientras entra y sale gente constantemente del despacho. Así que es mejor usar el sistema en un momento tranquilo, cuando sea posible concentrarse.

6
La eficacia de los ejecutivos a través de la tecnología

Jodi Forlizzi, profesora adjunta de diseño y de interacción humanos-ordenador en la Universidad Carnegie Mellon, ideó un excelente aparato contra interrupciones. Instaló un sensor en la puerta de su despacho y lo conectó a la *web*, de forma que los estudiantes pudieran comprobar si estaba disponible. Cuando tiene la puerta abierta, su página *web* invita a los alumnos a pasar a verla. Cuando la puerta está cerrada, los alumnos saben que no está disponible.

El invento de Jodi Forlizzi no está en el mercado, pero es un buen ejemplo de cómo una profesional abordó la cuestión de las interrupciones en el trabajo y eligió una solución tecnológica.

Maestros en artilugios

Un maestro de los artilugios es Stephen Carter, director general de Cingular Wireless. Al parecer, la meta del señor Carter es conseguir funcionar en un entorno completamente inalámbrico, sin ninguna atadura a su mesa. Allí donde él va, va también su trabajo. Su filosofía es: «Si no aprendes todo sobre cómo trabaja la tecnología, nunca lograrás que la tecnología trabaje para ti». Carter lleva una *Blackberry* sujeta a su cinturón para ocuparse de los mensajes electrónicos y transporta una serie de teléfonos móviles, casi como accesorios. El día de la entrevista para *Fast Company*, publicada en el número de octubre de 2002, llevaba un Nokia rojo muy estilizado en el cinturón, tenía otro Nokia para usar entre reuniones y, por la noche, exhibía un elegante Motorola plateado. El ordenador portátil de Carter —para continuar con el tema de la «movilidad»— es un Compaq ultrafino. Pero ese mundo inalámbrico va emparejado a una conciencia de la relación con los demás. «Cuando fijas una cita con alguien, firmas un contrato. Nunca permitiría que las distracciones tecnológicas abusaran de ese tiempo. Siempre desconecto el móvil y el busca durante las reuniones.» No le divirtió en absoluto que el busca de un joven asesor se disparara, ¡dos veces!, durante la entrevista.

Anne Altman, directora ejecutiva de IBM, supervisa todos los negocios de IBM con el gobierno de Estados Unidos, que es el mayor cliente de la compañía. El instrumento preferido de Altman es la mensajería instantánea, que defiende con toda la pasión de una conversa.

«Los mensajes instantáneos han marcado una diferencia absoluta para mí. Cuando estoy en una visita de ventas y el cliente necesita una información actualizada o unos datos que no tengo a mano, sólo tengo que enviar un mensaje a alguien de mi equipo y recibo la respuesta de inmediato.

»Ayer recibí la llamada de un ejecutivo de alto nivel del gobierno federal que necesitaba algunos documentos —comenta Altman—. Mientras seguíamos hablando, le lancé un mensaje a Brien Lorenz, nuestro asesor de gobierno electrónico y transformación de la empresa. Me envió un puñado de archivos que le hice llegar al cliente, mientras él seguía al teléfono, explicándome qué necesitaba.

»Sametime (Lotus Sametime, producida por la filial de IBM Lotus Development Corporation) me permite tener reuniones instantáneas y que diversas personas participen en una charla espontáneamente», dice Altman. El único requisito es que todas estén en línea.

«Y puedo decir "Déjeme que le haga un dibujo para mostrarle a lo que me refiero"», añade, refiriéndose a las herramientas de Sametime para incorporar diagramas, audio y vídeo a las charlas.

Cuando se usa adecuadamente, la mensajería instantánea puede multiplicar el tiempo. No obstante, algunos directores la encuentran molesta cuando se usa en exceso. Si todavía no ha probado el sistema, puede consultar con el personal de tecnología de la información y experimentar con esta herramienta de vanguardia.

Reuniones virtuales

Las reuniones virtuales son una opción funcional para varios ejecutivos expertos en tecnología.

Reuniones por ordenador. Stephen Carter, de Cingular, usa la *web* para comunicarse con sus empleados de todo el mundo. Cada mes dirige una reunión con diferentes grupos de empleados. Por ejemplo, en la que dirigió con el equipo Cingular de Puerto Rico el sitio del *chat* se proyectaba sobre un gran tablero blanco. Los empleados que participaban en la charla disparaban sus preguntas, que Carter y otros presentes podían leer en el tablero. Respondieron verbalmente unas treinta preguntas en una hora, respuestas que un equipo de mecanógrafos de primera recogía y enviaba al sitio del *chat*.

Otra forma de comunicación informatizada mucho más accesible para el trabajador medio es el *weblog*. Un *weblog* —o *blog* para abreviar— es un tipo de sitio *web* que se origina como plataforma para comentarios personales sobre tecnología, política o cualquier cosa que inspirara al que lo originaba. Sólo hace relativamente poco que el mundo de la empresa ha descubiertos los *blogs*.

Si participa en un proyecto de equipo importante, aquí tiene otro multiplicador del tiempo. Instale un *blog* del proyecto para que todos tengan acceso a la información más reciente y puedan coordinar sus esfuerzos.

Por ejemplo, hace un par de años Cisco Systems lanzó un conjunto de *blogs* como «foro de proyectos» en su red interna. Cada *blog* ofrece las actas de las reuniones y la puesta al día de un proyecto concreto. Los ingenieros de proyecto, los equipos de marketing y otras personas interesadas pueden acceder a esos *blogs* y añadir sus comentarios y preguntas.

«Nos permite enviar actas de las reuniones rápidamente sin preocuparnos por el HTML, algo que tendríamos que hacer con una página *web* —dice Brian Junnila, director de marketing de productos—. Además, cualquiera recién incorporado a un grupo puede ponerse al día (leyendo el *blog*) sin que alguien tenga que hacerle llegar a él o ella cien e-mails».

Vídeoconferencias. El bufete de abogados Greenberg Traurig ha instalado un sistema basado en ordenadores personales, con calidad de televisión, que conecta todas sus oficinas.

«Volar a algún sitio para una reunión de una hora puede costarte todo un día», explica Jay Nogle, director de Legal Systems y hombre punta en TI, en un artículo de David T. Gordon en www.cio.com. Pero con el nuevo sistema los clientes pueden participar en una videoconferencia en cuestión de minutos, sin perder la sensación de confianza que tienen cuando «ven a su abogado».

Con toda la resistencia a viajar que existe desde el 11 de setiembre, las videoconferencias están arraigando incluso más que antes. Tienen incluso un papel en la industria cinematográfica: el director Barry Sonnenfeld, que vive en el Este, «teletrabajó» durante la realización de *Hombres de negro II*, que se estrenó en el verano del 2002. Con la tecnología digital, podía usar un satélite consagrado a las videoconferencias para revisar el trabajo que la firma de efectos especiales radicada de California realizaba para la película.

«Ellos me ven y yo los veo y, lo más importante, los dos podemos ver la película en la que estamos trabajando —decía Sonnenfeld en la revista *Business 2.0*, de julio del 2002—. Los dos tenemos una tablilla con una flecha y yo puedo rodear algunas zonas con un círculo y decir: "Aquí se ve demasiado oscuro".»

Eric Richert, experto en teleconferencias de Sun Microsystems, recomienda las estrategias siguientes para garantizar el éxito de las videoconferencias:

Haga que los participantes de cada lugar se sienten a un lado de una mesa de reuniones rectangular. Al otro lado de cada mesa sitúe un monitor que muestre a los asistentes sentados a la mesa de reuniones en el otro lugar. Eso sirve para dos fines: (1) Parecerá que los asistentes de ambos sitios estén en la misma sala, sentados alrededor de una única mesa y (2) cada asistente podrá ver los gestos y expresiones de los que estén en el otro lugar.

Cerciórese de que todos los asistentes trabajan a partir de los mismos documentos. «De esa manera —explica Richert en la revista *Fast Company*— los dos grupos tienen delante la misma información y todos comprenden lo que está pasando y no se confunden.»

Wendy Miller, vicepresidenta de marketing de la empresa de consultoría Bain & Co. de Boston, dice que, si puede elegir, prefiere las videoconferencias a las audioconferencias.

«En una videoconferencia —señala Miller— puedes ver las reacciones de la gente. Encuentro que la posibilidad de tener contacto visual, incluso a gran distancia, mantiene a todo el mundo alerta y en contacto.

«Además —añade con aire apesadumbrado—, sé que durante las audioconferencias la gente se pone a mirar sus e-mails mientras habla contigo.»

Reuniones por teléfono. Candace Petersen, vicepresidenta de marketing corporativo y estrategia para In-Focus, líder en proyección digital del sector, con sede en Wilsonville, Oregón, trabaja con promotores dispersos por todo el mundo: en los Países Bajos, en Noruega y Singapur. Sostiene, con ellos, dos tipos de reuniones regulares a larga distancia por teléfono. La reunión en directo es una teleconferencia dos veces al mes. Petersen modifica las horas de la conferencia para estar segura de que a todos les toca alguna vez la franja de medianoche.

La otra reunión telefónica, semanal, es de acción retardada y se realiza usando el correo de voz.

«Envío —dice Petersen— a todo el grupo lo que llamo correos de voz "asumidores", donde planteo el reto para la semana y pido información sobre cuestiones o proyectos concretos.» Al personal de Petersen se le pide que responda en un espacio de veinticuatro horas con sus comentarios.

Más ideas sobre las reuniones por teleconferencia

- Chancellor Media, con sede en Dallas, uno de los mayores propietarios de emisoras de radio de Estados Unidos, mantiene en contacto a sus directores de programa dispersos por todas partes mediante teleconferencias mensuales en grupos de ocho o diez directores seleccionados por formato: contemporáneos, urbanos, 40 principales, *country*, etc. Como rasgo de valor añadido, con frecuencia se invita a un experto externo para que se «dirija» a la conferencia telefónica sobre un tema de interés general.
- Richard Brown, director general de EDS, ha creado nuevas maneras de impulsar la responsabilidad y la

cooperación. En la «conferencia sobre resultados», por ejemplo, él, su director de explotación y su director de finanzas empezaron a presentar, los lunes por la mañana, teleconferencias a cargo de los, aproximadamente, ciento cincuenta líderes principales de la empresa. Estas conferencias son, esencialmente, una revisión continuada de los resultados, en la cual se compara la actuación de la compañía durante el mes anterior y los doce meses anteriores con los compromisos asumidos por el personal. Las conferencias ofrecen un temprano aviso de problemas e infunden una sensación de urgencia. Pueden ser incómodas para los que están en la columna negativa. Delante de sus compañeros, los ejecutivos tiene que explicar por qué las cosas no van bien y qué están haciendo para volver al buen camino.

- Veinte de los principales directivos de Chad Holliday, director general de DuPont, están destacados en diversos lugares de todo el mundo. Para mantenerlos informados, Holliday celebra teleconferencias quincenales con el grupo. Sus cuatro objetivos para cada conferencia son recabar la información que necesita, mantener a sus directores al día de los cambios habidos en los clientes, los competidores y la economía y la política locales, proporcionar un foro para que esos cuadros compartan sus puntos de vista unos con otros y ayudarles a elaborar una perspectiva global fundamentada.

Para generar respuestas meditadas, Holliday siempre hace preguntas incisivas: «¿Qué pasa con sus clientes y con los clientes de sus clientes?» «¿Cómo manejan lo políticos de su parte del globo las condiciones económicas?» «¿Sus medidas pueden tener algun efecto en nosotros y en lo que estamos haciendo?»

«Al recibir esa información simultánea de sus compañeros —dice en un artículo de Ram Charan, en *For-*

> *tune*—, (nuestros directores de alto nivel) amplían su perspectiva del paisaje global.»

Claro que estas reuniones por teleconferencia no se limitan a los directores generales. Por ejemplo, Peter Vandevanter, vicepresidente de la división de nuevas empresas de Knight Ridder, en Charlotte, Carolina del Norte, pensaba que las reuniones semanales con sus editores eran vitales.

No obstante, dado que dos de ellos habrían tenido que viajar durante una hora de ida y otra de vuelta para acudir a verlo, ahora celebra sus reuniones por teleconferencia, reservándose el derecho a convocar a quien sea cuando lo crea necesario. Los editores se sintieron enormemente agradecidos por su consideración.

Más estrategias tecno de los ejecutivos

Las PDA y los ordenadores de mano

Dennis Bass, director adjunto del Center for Science in the Public Interest, recomienda, como instrumento útil, una PDA unida a un sistema de correo electrónico, que facilita la conversión de los e-mails en tareas y citas o los cuelga en una fecha particular o los corta y pega en un memorando.

Michael Treschow, director general de Electrolux y su esposa, Charlotte, jefa de relaciones con los inversores del Skandinaviska Euskilden Bank AB, llevan a cabo muchas comunicaciones por medio de sus PDA. Los dos solían pasarse itinerarios escritos a mano donde recogían sus actividades de la semana. Ahora comparten una agenda común en sus PDA, donde consta toda la información que los dos necesitan saber. Los proveedores de servicios de Internet, como Yahoo! ofrecen a los suscriptores programas del tipo de las agendas compartidas.

Otras herramientas y técnicas favoritas de los ejecutivos

Stephen Paolicelli, director de garantía de calidad en DMV International, ha instalado un *software* que le permite leer las noticias y otros servicios en línea en su PDA. «Resulta práctico cuando estoy esperando en la consulta del médico o en el taller mientras reparan el coche», o cuando tiene cinco minutos entre reuniones. Es un ejemplo de cómo hacer buen uso de esos periodos de tiempo sueltos, esos diez o veinte minutos, que encontramos durante la jornada. La tecnología proporciona buenos medios —con los PDAs, los avisos de noticias por correo electrónico, etc.— para permanecer informado y recoger información al vuelo.

RETRATO DE UN EJECUTIVO «CONECTADO»

Gregory L. Summe es un ejemplo de ejecutivo «conectado» del siglo XXI.

«Ahora se espera que los directores generales estén mucho más en contacto con clientes, empleados e inversores que en el pasado», dice Summe, director de PerkinElmer, Inc., de Wellesly, Massachusetts, fabricante de instrumentos de laboratorio y aparatos de rayos X para aeropuertos.

Mientras está de viaje, las herramientas de Summer para «mantenerse en contacto» incluyen su teléfono móvil, su PC —para comprobar los últimos datos del mercado y dar el último toque a sus presentaciones multimedia— y una sofisticada calculadora financiera.

En casa, entre sus opciones de comunicación están dos teléfonos móviles, cuatro líneas fijas, un aparato de fax y un módem por cable para el acceso de alta velocidad a Internet. Curiosamente, Summe dice que, para él, su tradicional DayTimer sigue siendo la mejor agenda.

7
Explotar el teléfono

Cómo consiguen los altos ejecutivos que el teléfono sea una herramienta poderosa

John Curley, de Gannett, me contó una divertida paradoja sobre el éxito corporativo. Observó que cuanto más alto estás en el escalafón, más llamas a los demás, pero ellos no te llaman a ti. Me describió una visita que hizo hace muchos años a un antiguo presidente de Gannett, cuando él todavía estaba en la sección local de uno de sus periódicos. Se quedó estupefacto de que el presidente no recibiera ninguna llamada durante todo el tiempo que él estuvo allí, cuando sabía que, cuando él volviera a su mesa, encontraría un mínimo de cinco a siete llamadas acumuladas en el mismo espacio de tiempo.

Es verdad que cuanto más alto está un ejecutivo en el escalafón corporativo, menos probable es que sus subordinados lo llamen para charlar de cualquier cosa. Cuando Curley se convirtió en director general de Gannett, también él recibía menos llamadas telefónicas, pero el teléfono seguía siendo su principal instrumento de comunicación, igual que les sucede a muchos ejecutivos de alto nivel.

Cómo usar el teléfono estratégicamente

Curiosa por saber cómo los ejecutivos de alto nivel usan el teléfono de forma estratégica en una era al parecer dominada por el correo electrónico, decidí averiguar qué consejos prácticos podían darme para que fueran útiles a los directores de todos los niveles. Así que planteé la siguiente pregunta a varios ejecutivos: «Si estuviera bloqueado por la niebla en un aeropuerto durante dos horas, ¿qué herramienta querría tener con usted?» La respuesta, en todos los casos, fue: «Mi teléfono móvil». Sólo había un instrumento que todos los ejecutivos con los que hablé definieron como fundamental para su capacidad de funcionar eficazmente: no era el ordenador ni el buscapersonas con e-mail incorporado, sino el teléfono.

Como ya he comentado en el capítulo dos, el contacto directo a través de una conversación telefónica proporciona una gran cantidad de información —matices, tono emocional, capacidad de preguntar, explorar y averiguar— que no está disponible en los mensajes electrónicos. Se puede lograr muchísimo haciendo buen uso del teléfono.

Mientras estudiaba cómo «explotan el teléfono» los altos cargos, se hicieron visibles dos estrategias: responder siempre y aprovechar las ventajas del correo de voz.

Responda siempre

Una enorme mayoría de ejecutivos de alto nivel no soporta que no les devuelvan una llamada telefónica —sea personalmente o por medio de alguien, en nombre del interesado— en las veinticuatro o, como máximo, cuarenta y ocho horas siguientes. Es una característica muy arraigada, típica del imperativo del proceso de toma de decisiones. Esta insistencia en devolver las llamadas es una de las razones de que esas personas hayan llegado a la cima, todos saben que se puede confiar en ellas.

LLEVAR EL «SEGUIR EN CONTACTO» A OTRO NIVEL

El director general del Vanguard Group, John J. Brennan, dedica una cantidad de tiempo considerable a mantenerse en contacto con los clientes, en el auténtico sentido de la expresión. De forma regular, se coloca unos cascos y, desde un cubículo del departamento del servicio al cliente, contesta las llamadas de los inversores sobre cualquier cosa, desde precios de fondos al rendimiento corriente de los servicios de la compañía. Esta técnica directa ayuda a Brennan a descubrir medios para pulir y perfeccionar constantemente su empresa.

Dado que es la segunda empresa más grande del país en fondos de inversiones, Vanguard debe de estar haciéndolo bien. Acorta distancias rápidamente con Fidelity Investments, que ha sido la número uno durante mucho tiempo.

El anterior presidente de SEC (Comisión Nacional del Mercado de Valores), Arthur Levitt, tiene por costumbre devolverle la llamada a *cualquiera* que lo llame, sin importar quién sea, antes de veinticuatro horas, y eso incluye las llamadas de desconocidos. Es una persona llena de curiosidad y hablar con la gente le da idea de las tendencias y las preocupaciones de los demás.

Brian Kurtz, vicepresidente ejecutivo de Boardroom Publishers, devuelve, o pide a su secretaria que devuelva, las llamadas de ventas. Kurtz tiene una especie de «filosofía de las relaciones»: recogerás aquello que siembres.

Ese imperativo de no soltar presa, a la manera de un bulldog, hasta haber respondido y llevado las cosas a término, del que hablábamos anteriormente en el contexto del papeleo y el correo electrónico, puede aplicarse también al teléfono.

Hasta tal punto se sienten obligados prácticamente todos los ejecutivos de alto nivel a devolver las llamadas con prontitud que esta actitud alcanza la categoría de ley de la organización:

LEY NÚMERO 5 DE LA ORGANIZACIÓN
Devuelva todas las llamadas telefónicas antes de veinticuatro horas, personalmente o por medio de un empleado

Veamos algunas estrategias de «responda siempre»:

Howard J. Rubenstein, neoyorquino y legendario representante de relaciones públicas de las estrellas, dice que nunca ha dejado de devolver una llamada telefónica en cuarenta y cinco años. Así es como maneja sus llamadas:

Su secretaria imprime una lista del centenar de llamadas que recibe, como promedio, cada día. Por la noche, en casa, Rubenstein las marca según un código de color, rojo, amarillo o verde, por orden de prioridad, y las contesta siguiendo ese mismo orden.

Arthur Levitt pide a su secretaria que haga una lista de personas a las que hay que llamar y las llama a todas, de inmediato, una tras otra, hasta que ha acabado con la lista completa.

Delegar las llamadas en algún empleado es también un componente clave de la capacidad de los ejecutivos para devolverlas rápidamente. Veamos algunas de sus estrategias:

Gaston Caperton, del College Board, devuelve la mayoría de llamadas el mismo día, pero si no tiene demasiado tiempo hace que sea su secretaria quien llame para explicar: «El señor Caperton le llamará, pero la semana que viene».

Bill Little, director de ventas de Pekin Insurance, cuenta con sus secretarias para resolver las llamadas telefónicas. «Tienen muy buen juicio —explica—. Si me necesitan, me buscan. De lo contrario, se ocupan ellas mismas de todas las llamadas que les es posible.»

Mary Rudie Barneby, de UBS Financial Services, Inc., dice: «Las llamadas de las personas que no conozco o que sé que tienen una prioridad baja, se las paso a las personas que trabajan para mí y les pido que se encarguen de ellas».

Cuando Seth Gershel, anterior presidente de la división de audiovisuales de Simon & Schuster, encargaba a un empleado el proyecto de un autor, comprobaba con el autor que ese empleado devolviera las llamadas con prontitud y que estuviera «pendiente del libro».

Aproveche el correo de voz

Si no tiene un ayudante para hacer y seguir las llamadas, usar el correo de voz —cuando sabe que una persona ha salido de la oficina o está almorzando— es una buena manera de devolver rápidamente las llamadas sin verse atrapado en largas conversaciones para las que quizá no tenga tiempo. Es algo aceptable, pero asegúrese de que sus mensajes sean tan breves y sucintos como sea posible.

Piense en el correo de voz, sencillamente, como otra clase de «correo», como el electrónico y el postal. Además, puede ocuparse del correo de voz con eficiencia y eficacia, aplicando el sistema TRAF (tirar, remitir, actuar, archivar). Veamos cómo:

Tirar = Borrar

Remitir = Enviar. Por ejemplo, pasar la petición de un cliente a un empleado, para que sea él quien conteste.

Actuar = Actuar. Devolver la llamada es la actividad más probable, pero puede que sea necesario hacer algo más, por ejemplo, consultar alguna información en línea.

Archivar = Guardar. Si un mensaje de voz especifica las principales disposiciones de un contrato y no tiene los documentos delante de usted, guárdelo hasta que disponga de la copia impresa para compararlo.

Aquí tiene dos consejos más: para evitar los retrasos y las acumulaciones, no escuche un mensaje de voz dos veces. Sométalo al TRAF de inmediato. Muchos sistemas de mensajería de voz tienen una función que acelera el mensaje cuando lo escuchamos, lo cual puede representar un verdadero ahorro de tiempo.

Algunos métodos que nunca fallan:

Todd Cowgill, director regional de reclamaciones de Pekin Insurance Company, en Pekin, Illinois, anota los mensajes de voz que recibe al día en un cuaderno preparado para tal efecto y que sólo usa con ese propósito. Aprovecha cualquier intervalo para devolver llamadas telefónicas y mensajes electrónicos, si es posible en el mismo día.

Un alto ejecutivo de Kerr-McGee facilita su propia norma de devolver las llamadas antes de veinticuatro horas dividiendo el montón de mensajes en dos grupos: «Llamar tan pronto como sea posible» y «Llamar fuera de horas de trabajo». Ha averiguado que en las llamadas fuera de horas de trabajo —que, por lo general, sólo suponen dejar un mensaje— es mucho más fácil ser breve y preciso.

DOS CONSEJOS PRÁCTICOS PARA EL CORREO DE VOZ

- Meta su lista de mensajes en la agenda cuando salga del despacho, para devolver llamadas durante las pausas en las reuniones, en un taxi o en otros momentos de intervalo.
- En general, cuando tenga una sobrecarga de mensajes en el buzón de voz, una buena estrategia es hacer que su secretaria o algún empleado los pase a una hoja de llamadas, para que usted pueda seguir la lista y devolverlos en el momento que le resulte cómodo.

Un director general grabó esta promesa en su propio correo de voz: «Contestaré su mensaje en un plazo de veinticuatro horas. Si no puedo llamarlo en ese tiempo, mi secretaria administrativa le llamará para darle una respuesta o una hora en la que podré contestarle directamente».

Nunca podré insistir demasiado en lo importante que es cumplir ese compromiso. No sólo está en juego su credibilidad, si no responde también corre el peligro de retrasar a alguien o entorpecer un proyecto.

Cómo no ser un esclavo del teléfono

Peter Bohaceck, en una carta al director del *New York Times*, recomienda dar sólo el número de teléfono fijo. Luego, si quiere estar disponible, haga que le desvíen esas llamadas a su móvil (con identificación de llamada, si quiere ser selectivo). Las llamadas que no conteste irán a un único buzón de voz, el de su teléfono fijo.

Teresa Oliszewicz, de CUNA Medical Group, en Madison, Wisconsin, se sentía obligada a comprobar su buzón de voz siempre que veía parpadear la luz de aviso, así que tapó el indicador y ahora puede trabajar sin distracciones y comprobar el buzón sólo en ciertos momentos del día.

Listines telefónicos de baja tecnología

Martha Stewart dice: «Tengo listas plastificadas de todos mis números de teléfono, personales y profesionales, que guardo al lado de todos los teléfonos. No me pregunte cuántos teléfonos tengo. También tengo listas en el coche y en los bolsos. Las llevo conmigo, en lugar de una Palm. Encuentro que es infinitamente más rápido. Cada tres meses, mis secretarias ponen al día nuevas hojas y las plastifican».

El teléfono es una herramienta fantástica. Úselo bien, de forma inteligente, cortés y estratégica —y *siempre* devuelva las llamadas—, así elevará al máximo su productividad y cosechará el beneficio de la comunicación oral que el correo electrónico no permite.

PARTE III

GESTIÓN DE LAS TAREAS Y DEL TIEMPO DE LOS EJECUTIVOS

8

La jornada del ejecutivo organizado

Un director me dijo: «¿Sabe?, nunca nos han preparado para saber cómo organizar la jornada. Estamos desbordados, tenemos demasiadas tareas que hacer».

Lo sabemos. Pero la pregunta que me preocupaba era ésta: ¿Los directores generales también se sienten abrumados por el trabajo? ¿Cómo organizan sus días? ¿Qué aspecto tiene un día organizado, allá en la cima? ¿Qué pueden aprender de ellos los directores y profesionales de todos los niveles?

Muchos ejecutivos de alto nivel han encontrado una manera excelente y fascinante de encontrar su propio estilo.

Estrategia de los ejecutivos para los cambios de horario

Si le preguntáramos al director medio cómo sería, a su modo de ver, un día organizado, la mayoría dirían: «Tendría mucho más control que ahora. Haría esto a las nueve y lo otro a las diez» o «Podría cerrar la puerta buena parte del día para hacer muchas más cosas».

La mayoría da por sentado que como su sueño es tener una jornada laboral controlada y organizada, eso debe ser lo que hacen los directores generales. Pero ésa fue una de mis mayores sorpresas: la premisa funcional que rige la jornada de un director general es que el tiempo es variable. Hacen hincapié no en dominar el horario, sino en controlar lo que pueden realizar a lo largo de la incesante variabilidad de la jornada.

La lección que los ejecutivos nos enseñan es cómo cambiar nuestra perspectiva de lo que es, en realidad, un día organizado. La visión que un director general tiene de un día organizado es, en esencia, la opuesta a la de la mayoría de directores.

LEY NÚMERO SEIS DE LA ORGANIZACIÓN
Aumente su poder y su productividad gestionando, y no tratando de controlar, la variabilidad de la jornada

La vitalidad, incluso el entusiasmo en la jornada laboral de los altos ejecutivos se consigue a través de una combinación de los siguientes elementos:

- *Una hora privada «en soledad» para las tareas prioritarias.* Reservar ese «momento dulce» de tiempo es esencial para la productividad personal.
- *Reuniones y citas programadas.* Imponer una estructura básica, fuera de la hora del «momento dulce», en una jornada que cambia constantemente.
- *Tiempo no estructurado, de forma libre.* Una actitud hacia la parte no estructurada del día que permita verla como positiva y vigorizadora, y no negativa y molesta.

Estrategias para conseguir su hora prioritaria personal

¿Hay algún momento óptimo del día para reclamar su hora prioritaria? La mayoría está en alerta máxima por la mañana, mientras otras personas tienen su mejor momento por la tarde. El objetivo es concentrar el trabajo más complicado en las horas en que está en mejor forma para responder a sus exigencias.

Situar su «momento dulce» fuera de las horas de oficina

Estrategias de primera hora de la mañana o última hora de la tarde. Hay quien cree, al igual que Matthew Henry, teólogo del siglo XVIII, que «Los que quieren realizar grandes cosas tienen que levantarse temprano».

Robert A. Iger, presidente de Disney, se levanta a las cinco menos cuarto de la mañana, trabaja en el gimnasio hasta las seis, luego va a la oficina y lee hasta su primera reunión a las siete. «Creo que cada uno tiene su propio ritmo —dice—. En mi caso, es por la mañana. Tengo menos mal genio.»

Howard J. Rubenstein, cabeza de la firma de relaciones públicas, Rubenstein Associates, llega a su despacho antes de las cuatro y media y mira los programas de noticias de televisión. Luego, se ocupa de las carpetas, codificadas por colores, que ha traído de casa, prioriza las llamadas que tiene que devolver, firma cheques y revisa su agenda. Después de su sesión de trabajo, hace estiramientos y va a correr.

Don Imus, presentador y crítico implacable, «empieza a pensar en cómo arruinar la vida a alguien» cuando se despierta, exactamente a las cuatro y diecisiete de la mañana.

Jeanette Wagner, de Estée Lauder, reserva el trabajo administrativo rutinario, como la firma de cartas, los informes de gastos, etc., para el final del día, cuando está cansada. Según dice: «Por el contrario, si tengo que resolver un problema —tanto si tiene que ver con personas como con conceptos, por ejemplo, trabajar en el congreso de directores generales— a veces dedico de mi propio tiempo privado, durante el fin de semana, cuando no hay interrupciones, o a primeras horas de la mañana».

Pero, a veces, las tres de la madrugada es el momento creativo del día: «No necesito dormir mucho —dice Wagner—. Con frecuencia me despierto en mitad de la noche y saco el cuaderno y sé que tengo que anotar (la idea) en aquel mismo momento... A veces puedo resolver en una hora un problema o bosquejar un proyecto completo que antes me resultaba muy complicado».

Es probable que la idea de levantarse a las cinco de la mañana sea desalentadora, pero si su hora normal de levantarse es a las seis y media, empiece por tratar de despertarse media hora y luego una hora antes. La mayoría de personas descubre que pueden rebanar un poco de tiempo de sueño sin pagar un precio tremendo y los beneficios que se cosechan —más trabajo hecho, lograr, quizás, un ritmo menos frenético a lo largo del día— pueden ser enormes y duraderos.

El viaje tranquilo. Otra estrategia para conseguir un tiempo tranquilo, fuera de horas de oficina, es el viaje de ida y vuelta al trabajo. Aunque muchos ejecutivos de alto nivel y directores generales consiguen que sea un tiempo de concentración porque cuentan con un chófer que los lleva y los trae del trabajo, se pueden conseguir los mismos efectos (casi) de dos maneras:

1. *Transporte público.* Mary Rudie Barneby, de UBS Financial Services, Inc., dice respecto a las mañanas: «Por la mañana soy muy productiva... Me subo al tren, saco un montón de papeles y me encargo de todos ellos. Tengo alrededor de una hora y veinte minutos, así que es un tiempo provechoso».

   El desperdicio de tiempo más absoluto de todos los tiempos, que observo con frecuencia cuando salgo de Manhattan a primera hora de la mañana para ir al aeropuerto, son las interminables filas de coches parados en la vía rápida de Long Island (conocida localmente como «el aparcamiento más largo del mundo») en dirección a Manhattan.

Muchas veces me he preguntado por qué la gente soporta esa frustración y acepta malgastar así el tiempo, cuando podrían utilizarlo mucho más provechosamente en el tren que sentados en su coche, tocando la bocina. No consigo entenderlo.

La verdad es que muchas personas tienen la posibilidad de coger un tren o un autobús para ir a trabajar, en lugar de ir en su propio coche. Seguro que lo que se gana en productividad durante el viaje, tranquilo y concentrado en el tren, vale lo que se pierde en comodidad e independencia. Piense en ello.

2. *El «tiempo tranquilo» en un coche compartido*. Considere la posibilidad de formar un grupo para compartir el coche, con otras personas interesadas en adaptar una práctica popular en Washington D. C., conocida como *slugging*, que consiste en que personas que no se conocen de nada esperan en puntos de recogida prefijados, donde los coches se detienen para llevarlos a la ciudad, aprovechando así la ventaja que ofrecen los carriles rápidos para vehículos con múltiples pasajeros.

   Ésta es la clave: una norma del *slugging* es que dentro de los coches reine el silencio; nada de música ni de charla ni de móviles. Se puede trabajar, pensar, leer o relajarse.

TIEMPO SÓLO PARA PENSAR

Encontrar tiempo sólo para reflexionar parece un lujo. Es raro que podamos exclamar «¡ajá!» en el trabajo, porque no nos concedemos tiempo sólo para pensar. Los dos ejecutivos siguientes, que consiguieron sacar tiempo durante el día, conquistaron nuevas perspectivas y, sin duda, dieron con algunas ideas rompedoras.

Richard *Skip* LeFauve, presidente retirado de la división Saturn de General Motors, hace que pensar sea una prioridad anotándolo en su agenda. En su lista personal de cosas por hacer, apunta asuntos sobre los que quiere rumiar y reserva tiempo para pensar en ellos y les da la misma prioridad que a otros compromisos. Por añadidura, programa un tiempo para hablar con socios de su confianza a fin de lograr un nuevo punto de vista sobre problemas incordiantes.

Veamos ahora un consejo práctico de «tiempo muerto» que nos da Horst Schulze, anterior presidente de la cadena hotelera Ritz-Carlton. Schulze pasaba media hora cada mañana, estuviera donde estuviera, meditando sobre mejores maneras de proporcionar un servicio excelente a los clientes. El resultado es una cadena hotelera conocida por su superior servicio.

El mensaje es que (*a*) disponer de tiempo para pensar con tranquilidad es esencial y (*b*) si no aparece de forma natural durante la jornada, hay que programarlo.

Cinco métodos para conseguir un período de tiempo tranquilo durante el día en la oficina

1. *Desaparecer.* Si tiene libertad para ir y venir durante todo el día —si su jefe no empieza a preguntar «¿Dónde está Gerry?» si no lo ve en su mesa— desaparezca, váyase a una sala de reuniones que está vacía. O dé una vuelta a la manzana. O llévese algo para leer a la cafetería.

   Un jefe de departamento de General Foods se escapaba durante una hora cada día a un despacho vacío que había al lado del suyo y que tenía una ventana de cristal esmerilado, de forma que nadie podía verlo.

   Un abogado de Nueva York, después de saludar a todo el mundo cuando llega, coge el primer ascensor de bajada y se escabullía durante una hora en el Starbucks de la esquina.

2. *Negocie una «hora tranquila» con su jefe.* Si desaparecer sin más no es una opción realista, negocie una hora tranquila. Seguramente, el principal beneficio desde el punto de vista de su jefe es que así usted dispondrá de un hueco de tiempo en el cual concentrar plenamente su atención en sus prioridades.

   Por lo general, una hora tranquila obligatoria para todo un grupo no funciona. Se presentan demasiadas cosas de forma inesperada para que todo un grupo de trabajo pueda quedar fuera de servicio.

3. *Permanezca disponible... con la puerta cerrada.* La mayoría de empresas tiene una política de «puertas abiertas», que desaprueba que se cierre la puerta. Pero en Nickelodeon, sede de la televisión pionera para niños, uno de los directores consigue las dos cosas. Ha instalado una pizarra y rotuladores en la puerta. Cuando tiene la puerta cerrada, cualquiera que quiera verlo se limita a escribir una nota en la pizarra. El sistema funciona porque en cuanto el director aparece, habla, *inmediatamente,* con las personas que pasaron a verlo, de forma que éstas saben que no tienen que importunarlo para tener acceso a él.

   Pero hagamos, también aquí, una salvedad: sea implacablemente diligente en ponerse en contacto con las personas que le dejaron un mensaje. Es la única manera de que pueda hacer que su «tiempo de escapada» funcione tanto para usted como para sus compañeros.

Consejo práctico: ¿Qué pasa si en la puerta cerrada de un compañero no hay ninguna pizarra? Guarde un bloc de pegatinas amarillas encima del marco de la puerta. Así tendrá papel a mano para escribir una nota y pegarla en la puerta.

4. *Cuando sea usted la persona de más alto rango del grupo, exija de sus colegas un tiempo libre de interrupciones.* Un abogado, citado en mi anterior libro, *The organized executive*, hizo circular la siguiente petición a su bufete:

> Después de pensarlo atentamente y de muchísimos días improductivos, he llegado a la conclusión de que es vital para mi trabajo establecer un «período tranquilo» durante el cual pueda llevar a cabo trabajos importantes sin verme interrumpido por llamadas telefónicas, visitas, reuniones y otras distracciones.
>
> En consecuencia, quiero establecer un espacio de tiempo, entre las siete y media y las nueve y media de la mañana, libre de interrupciones. En este empeño, necesito toda la ayuda que vuestros conocimientos, inteligencia y cooperación puedan prestarme.
>
> Gracias.

5. *Salga de la oficina una hora antes de la que ha acordado para almorzar.* Muchos restaurantes le permitirán sentarse y trabajar tranquilamente si llega temprano, por ejemplo, media hora antes.

¿Se siente reacio a exigir su tiempo prioritario? A muchas personas les sucede, incluso cuando no existe ningún impedimento práctico para hacerlo. Mucha gente del mundo de los negocios me ha dicho que se siente culpable ante la idea de no estar disponible, durante esa hora, para sus clientes o compañeros.

Si siente esa preocupación, me gustaría que se replanteara su situación mediante estas dos preguntas:

1. Si fuera usted su propio cliente o compañero, ¿no preferiría disponer de toda su atención? Su atención está asegurada cuando cuenta con un tiempo prioritario. Ya conoce ese estado de despiste que se produce cuando no consigue tener tiempo para usted mismo.
2. Cuando está en una reunión, tampoco está disponible para sus clientes y compañeros. ¿Qué tal si define esa hora privada como una reunión fundamental consigo mismo? Piense en ella en los mismos términos de negocio que aplica a las demás partes del día.

SI LE VA DE MARAVILLA LA SOLEDAD, PIENSE EN EL TELETRABAJO

Si funciona de forma óptima trabajando largos períodos de tiempo en privado, quizá deba considerar la posibilidad del teletrabajo.

Michelle Durst, vicepresidenta de recursos humanos de Merrill Lynch, se trasladó desde Nueva York a San Petersburgo, Florida, y se llevó el trabajo con ella. Se encarga del sitio *web* de recursos humanos de la compañía desde casa.

Como recoge un artículo de Lisa Chadderdon en *Fast Company* (abril-mayo 1998), su mayor sorpresa fue: «Nunca me había dado cuenta de lo agradable que es trabajar una, dos, incluso tres horas sin ninguna interrupción. En la oficina no podía tener ni veinte minutos seguidos sin que me interrumpiera alguien».

Si la idea de pasar más tiempo en un despacho en su casa le atrae, «Tiene que aprender a pensar como un «teletrabajador». Tiene que planear un día por adelantado, una semana por adelantado. ¿Qué quiere conseguir? ¿Qué materiales necesita? ¿Dónde están?»

No querrá encontrarse en una situación en que, en casa, coge el teléfono para hacer una llamada importante a un cliente y se da cuenta que se ha dejado la carpeta de ese cliente en la oficina.

LEY NÚMERO SIETE DE LA ORGANIZACIÓN:
Exija una hora de tiempo para ocuparse de sus prioridades cada día

Cómo estructuran los ejecutivos una jornada sometida a constantes cambios: la solución de la lista de control

«Empiezo el día con un plan de juego donde consta qué voy a hacer y cuándo y, de repente, surge una crisis o una reunión inesperada y, ¡zas!, de nada sirve mi bonito plan. ¿Cómo puedo controlar mejor mi tiempo?»

Casi todo el mundo se siente desbordado por la enorme riada de comunicaciones instantáneas. El director de relaciones con el cliente de una firma financiera me dijo: «Lo que resulta duro es que tengo preparada una lista de cosas por hacer, pero suena el teléfono con una pregunta de un cliente o llegan e-mails y hacen que me desvíe en distintas direcciones y, al final del día, mi mesa sigue atestada. Los papeles se multiplican». Los planes mejor trazados —y las mejores intenciones— pueden desvanecerse en un instante.

Pero una vez aceptado el hecho de que los contactos son una realidad y ya no queremos que desaparezcan, entonces podemos gobernarlos, atenuarlos, encontrar soluciones para dar cabida a esa realidad y trabajar dentro de ella. Veamos tres soluciones para establecer un cierto orden y obtener rendimiento en un día que no para quieto.

El sistema del punto de control

¿Cómo se «organiza» un día variable? Para la mayoría, el «tiempo organizado» es un tiempo que controlamos. Pero muchos ejecutivos de alto nivel han aprendido a abandonar una idea del tiempo que entraña hacer cosas en momentos específicos del día y, con la excepción de su hora prioritaria, abordan su jornada como algo infinitamente elástico, con pocos límites internos.

Y dentro de ese tiempo elástico, identifican e imponen algunos puntos de control, según permitan las exigencias del día.

Veamos tres estilos de control: funcional, basado en el contenido o mixto. Por ejemplo:

Controles funcionales

- ☐ Hora de prioridades
- ☐ Hacer y devolver llamadas
- ☐ Someter papeles, e-mails y mensajes de voz al TRAF
- ☐ Seguir las cosas en curso
- ☐ Dos horas para tareas no prioritarias (distribuidas durante el día)
- ☐ MBWA (dirección por paseo)
- ☐ Un contacto diario, muy breve, con cada subordinado directo
- ☐ Un contacto diario breve con su supervisor.

Controles basados en el contenido

Si quiere concebir sus controles en términos del contenido, la lista podría ser algo así:

- ☐ Contacto con el cliente
- ☐ Desarrollo de nuevos clientes
- ☐ Procesamiento de números
- ☐ Delegación y desarrollo de personal
- ☐ Redacción de memorandos, cartas, informes, textos para marketing, planes estratégicos, etcétera.

Lo que le parezca adecuado. Mezcle y combine como sea necesario. No sobrecargue los circuitos.

Con los controles en su sitio, lo cual le proporciona una armadura interna de marco y forma, *ahora llega el singular arte que está en la raíz de la capacidad de cualquier ejecutivo para administrar esa jornada con su forma libre.*

Reformular el tiempo: Cómo dominar el «secreto de los diez minutos»

La realidad, como sabe cualquier ejecutivo, es que todo gira en torno a una negociación constante entre las exigencias de su tiempo personal y las legítimas interacciones de un ambiente colegial. Ésta es la clave del éxito de la gestión del tiempo para casi todos los ejecutivos de alto nivel que han conseguido abrirse paso hasta la cima de la organización. El reto es reformular la «divisa» mental que se aplica al tiempo, apartándola de las tareas específicas y llevándola hacia segmentos de tiempo de unos diez minutos.

Piense en el día «negociado» como si consistiera en numerosos segmentos, de unos diez minutos cada uno. Yo los llamo «gotas de lluvia». No es mala idea inventar un término, por ejemplo, «baldosas de mosaico» (el término que usamos al hablar de este concepto dentro del contexto del TRAF, en la página 36) o «*bits y bytes*» o lo que sea, para dotar a esos segmentos de diez minutos de cierto peso metafórico en su mente.

Tome ahora esta situación típica y compruebe la enorme diferencia que hay en su reacción cuando piensa en términos de «gotas de lluvia» y cuando no lo hace.

Oye que Marvin se acerca por el corredor. Sabe que dentro de tres minutos se asomará a la puerta y dirá: «Hola, ¿tienes un minuto?» Mientras tanto, lleva usted unos diez mi-

nutos tratando de encajar las últimas cifras en el presupuesto y sabe que necesita otros veinte minutos para acabar la tarea. Su reacción ante la visita de Marvin es:

Si su objetivo es acabar toda la tarea ahora: ¡Qué fastidio! ¡Otra interrupción! ¡Nunca consigo acabar las cosas! ¡Mi vida está fuera de control!

Si piensa en «gotas de lluvia de diez minutos»: «Bueno, ¿qué le vamos a hacer? De todos modos ya tengo hecho casi un tercio. Cuando Marvin se vaya, podré dedicarle otros diez minutos antes de la reunión de las tres. Luego, después de la reunión, me escabulliré a algún sitio otros diez minutos, para estar seguro de que acabo este trabajo hoy.

Clave: *Empieza a pensar en el tiempo de forma flexible y oportunista.* Esto tiene dos efectos muy poderosos. Primero, al reducir drásticamente la rabia y los sentimientos de victimización que tan extendidos están, porque «entiende» que esas visitas inesperadas y esos sucesos imprevistos son elementos intrínsecos de su cargo, libera las energías que estaban bloqueadas por el resentimiento.

En segundo lugar, el propio proceso de buscar constantemente, a lo largo del día, pequeñas oportunidades para avanzar hacia sus objetivos, mientras vuelve una y otra vez a su lista de control, como atraído por un imán, es un medio poderoso para hacerse con el control de su tiempo y aumentar su productividad. Es una costumbre que vale la pena adquirir y una técnica fundamental que domina la mayoría de altos cargos que conozco.

No estoy segura de entender por qué administrar el tiempo con flexibilidad y aprovechamiento de las oportunidades en torno a un «polo» organizador (por ejemplo, la lista) tiene tanto poder, pero lo tiene, sin lugar a dudas, dado que la jornada de todos y cada uno de los ejecutivos que conozco que se han abierto camino desde abajo sigue ese modelo.

La primera vez que esta manera de moldear el tiempo me llamó la atención fue la siguiente: durante una visita a Joseph Vittoria, presidente de ResortQuest International, una importante empresa de gestión de alquileres de lugares de vacaciones y anterior director general de Avis, el señor Vittoria había subrayado en un cuaderno cinco o seis llamadas que tenía que hacer.

OPORTUNIDADES A LA HORA DE COMER

El administrador de la ciudad de Dallas, Teodoro Benavides, insiste en establecer contactos a mediodía. Como él dice: «Los desayunos y los almuerzos son una buena oportunidad para pasar un tiempo de calidad con las personas con quienes necesito pasarlo: cuadros en quienes quiero influir o mis jefes (el alcalde y catorce concejales) o los ciudadanos». Es hacer un buen uso del tiempo.

Tan pronto hacía una llamada, alguien se asomaba para preguntarle algo o informarle de alguna novedad y él los hacía entrar y los atendía cordialmente. Cuando se iban, hacía la siguiente llamada y luego iba a ver a alguien en la misma planta. Había un auténtico y constante torbellino de actividad, como un zumbido de bajo nivel. No obstante, después de cada desvío para contactar con alguien, el señor Vittoria volvía a su mesa y hacía la siguiente llamada telefónica. Así que en un período de unas pocas horas, su «línea continua», las cinco o seis llamadas que tenía intención de hacer, estaban hechas, intercaladas libremente entre las otras actividades que se presentaban de forma imprevista.

Su día era una mezcla de cosas estructuradas y cosas no estructuradas. Es una manera de concebir el tiempo que practican la mayoría de altos cargos empresariales.

Con John Curley, de Gannett, este mismo fenómeno circular era visible en la manera en que se ocupaba del papeleo. Como a Curley le gustaba despachar él mismo, como ya he mencionado en el capítulo uno, una selección importante de los documentos y correo que llegaban a su despacho, el montón de papeles encima de su mesa era bastante alto. Sin embargo, terminaba con él, sin fallar. Sucedía lo mismo que he descrito antes —gente que entraba y salía, múltiples llamadas telefónicas, reuniones que surgían de improviso— pero él siempre volvía a aplicarse a su pila de correo, un documento tras otro, hasta que se había ocupado de todos. Empezaba hacia las ocho y media de la mañana y había liquidado el correo antes de la hora de almorzar.

Ni Curley ni Vittoria hacían ningún esfuerzo por encasillar su tiempo como «tiempo de teléfono» o «tiempo de papeleo». Por el contrario, «sembraban» sus tareas a lo largo de varias horas y las completaban a tiempo y sin estrés.

Este modelo es tan característico que lo llamo:

LEY NÚMERO OCHO DE LA ORGANIZACIÓN:
Siembre sus tareas habituales a lo largo del día, en lugar de reservarles bloques fijos de tiempo

Consejos para hacer carrera: Conocimientos de gestión del tiempo para ayudarle a dominar un día que no tiene horarios

Para ayudarle a dominar esa jornada de forma libre, pruebe a adaptar las seis técnicas siguientes para gestionar el tiempo. Empecemos con Sandra Kresch, consultora organizada en extremo, que describe así un día típico atestado de exigencias de tiempo tanto profesionales como personales:

> Tenía una serie de cosas que hacer hoy. Tenía que llevar el gato al veterinario; tenía que ir al médico; tenía un día muy complicado en el despacho; estoy tratando de encontrar un nuevo director ejecutivo para una organización sin ánimo de lucro cuya junta presido, y un grupo de amigos tiene una serie de necesidades de las que tengo que ocuparme.
>
> Al pensar en cómo abordaría la jornada, lo que hice fue elaborar un programa para todo el día.
>
> La única hora en la que podía llevar el gato al veterinario era a las siete de la mañana, así que lo llevé y busqué una manera de recogerlo para llevarlo de vuelta a casa más tarde.
>
> Iba a estar en casa un espacio de tiempo dado y había dos personas de negocios —una en Londres y la otra en otro sitio— con los que trataba de ponerme en contacto, así que llamé a sus despachos a primera hora de la mañana para darles tiempo de que me llamaran a casa antes de marcharme.
>
> Mi programa en el despacho, que siempre es muy apretado, se centra en tres cosas que hay que hacer esta semana y en nada más.

En el recital que esta directora hace de su jornada, identificamos seis técnicas que emplea para conservar un cierto control sobre el tiempo. Se las recomiendo:

1. *Haga una lista* con sólo las tres o cuatro tareas importantes que espera realizar durante la semana. Memorice la lista, repitiéndosela varias veces al día. Sujete la lista en la agenda de papel o incorpórela a la agenda electrónica en un sitio donde la vea con frecuencia. Esto ayuda a concentrar la energía para llevar a cabo sus objetivos semanales.

2. *Destaque los puntos fijos del día*, es decir, la armadura de la jornada. (Había que llevar al gato al veterinario, temprano, para poder recogerlo a última hora del día; las llamadas a Londres suelen tener que hacerse mucho antes del mediodía y había reuniones y citas prefijadas.) Una vez hecho el esbozo, tendrá una idea más clara de cómo encajarlo todo. Como dice Andrew Grove en *High output management:* «Hemos de identificar el *peldaño que nos limita*... Si decidimos qué es lo inamovible y manipulamos las actividades más flexibles en torno a él, podremos trabajar con más eficacia».
3. *Evaluar el factor «flotante»*. Cuando evalúe en qué tareas ha de centrarse, piense en las que tienen un margen de tiempo escaso o inexistente. Por ejemplo, no hay mucho margen en un memorando que tiene que estar preparado para una reunión a las dos del mismo día, mientras que suele haber bastante margen si se trata de una reunión que se celebrará la semana siguiente.
4. *Estire el día por los dos extremos*. En el ejemplo de la señora Kresch, observe que la cita con el veterinario era a las siete de la mañana. Trate de programar los recados personales y la atención personal al principio o al final de la jornada, por ejemplo, acuerde una hora con su preparador físico a las siete de la mañana o el corte de pelo y la compra a las siete de la tarde.
5. *Busque ayuda y simplifique*. A lo largo del día, pregúntese: «¿Qué partes de esta tarea pueden delegarse y cómo puede simplificarse o hacer que sea más fácil?»
6. *Diga no a las peticiones que alargan su tiempo de forma excesiva*. Como señala Grove: «Cuando dices "sí" a algo, estás diciendo, inevitablemente, "no" a otra cosa que quizá te acerque más a tus objetivos». Hablaremos de esta capacidad para decir «no» en el momento oportuno y de la forma adecuada en el capítulo once.

9

Trabajar de forma más inteligente: Acopio de consejos para ahorrar tiempo y multiplicar la productividad

Un importante ejecutivo de Wall Street me decía recientemente que siempre se alegraba de recibir un nuevo consejo práctico para ser más eficaz o ahorrar tiempo. Y *yo misma* he aprendido bastantes trucos de los ejecutivos. Así que no importa lo alto que esté en el escalafón, las ideas útiles para ser más eficaces y ahorrar tiempo siempre son bienvenidas. Es divertido ponerlas en práctica y tendrán un efecto positivo para multiplicar el tiempo.

Prácticas que multiplican la productividad de los ejecutivos

De cómo tres ejecutivos ahorran horas recortando segundos

Fantásticos recortasegundos. Dick Traum, fundador y presidente del Achilles Track Club, de Nueva York, que anima y entrena a personas discapacitadas para que participen en carreras como la Marathon de Nueva York, insiste siempre en que no hay que perder el tiempo. Veamos dos de las cosas favoritas de Traum para ahorrar tiempo:

1. Cuando es posible, programa reuniones fuera de la oficina a primera hora de la mañana o última de la tar-

de, y se ahorra así un viaje, porque puede ir directamente desde casa o camino a casa.

2. Procura que sus citas para almorzar sean en algún lugar a menos de una manzana de su despacho.

Impulse la productividad «agrupando» distintas actividades. Cuando envía a los autores a una gira de presentación de un libro, Maria Bergman, coordinadora de marketing del libro *Chicken soup for the kid's soul,* siempre trata de lograr que esos viajes sean todavía más productivos, «agrupando» ese acontecimiento con otras actividades.

¿AGOBIADO? ¿APRESURADO? ESTOS SERVICIOS PUEDEN AHORRARLE TIEMPO Y FRUSTRACIÓN

Ya no tiene que ser una estrella del *rock* para contratar servicios personales. A continuación tiene una serie de ofertas asequibles que le simplificarán la vida y le ahorrarán tiempo:

Líbrese de recados y tareas personales pesadas. ¿Qué le parece llamar a un servicio para que le corte el césped, le pasee el perro, le haga la compra o incluso haga cola por usted en el DMV (Departamento de vehículos a motor)? Programe servicios realizados en su casa, a horas cómodas, de esteticistas, cuidadores de mascotas, entrenadores físicos. Para encontrar proveedores de esos servicios, mire los anuncios en la prensa local, en los tableros de los supermercados y en los sitios *web* locales. Cerciórese de comprobar cuidadosamente las referencias antes de dejar entrar a alguien en su casa.

Simplifique su vida organizándose. Hay organizadores personales listos para ayudarle a organizar y coordinar tanto su vida profesional como su vida doméstica. Visite la *National Association of Professional Organizers (NAPO)*, en www.napo.net, para encontrar un organizador en su zona.

¿El «no tengo tiempo para cocinar» forma parte de su lista de cargas? Póngase en contacto con la *U. S. Personal Chef Association* (Asociación de *chefs* personales de Estados Unidos). Están listos para hacerle la compra y luego preparar comidas para dos semanas, etiquetarlas y meterlas en su congelador. ¿Quiere saber más? Visite www.uspca.com. Estos servicios pueden resultar caros, pero muchas personas piensan que el tiempo que se ahorran y la paz mental que les aportan valen la pena.

La señora Bergman, por ejemplo, pide a los autores que le recomienden librerías donde podrían programar firmas de libros. Además, estudia en Yahoo! los planos de cada ciudad de la gira para localizar otros establecimientos de la misma zona, para coordinar dos firmas en un mismo día.

Servicio de restaurante rápido y eficaz. La gurú de la etiqueta Letitia Baldrige recomienda concentrar la mayoría de recepciones de la empresa en sólo uno o dos restaurantes. Le saludarán por su nombre, aceptarán reservas de última hora en días de mucho trabajo, le darán una mesa de inmediato y puede hacer que su cuenta, si es el anfitrión, sea cargada directamente a su tarjeta de crédito, para que usted y sus invitados no tengan que esperar.

Ocho prácticas favoritas de los ejecutivos para multiplicar su productividad

1. LOS MOMENTOS LIBRES PUEDEN SER VALIOSÍSIMOS PARA USTED

Un poderoso generador de productividad es la táctica de Martin Elden para aprovechar al máximo esos ratos breves. Como Edelston señala: «Esos minutos libres —cinco aquí, diez allí— pueden ser valiosísimos». De forma parecida, Stephen Carter, director general de Cingular Wireless, afirma: «Aunque sólo tenga diez minutos entre reuniones, uso ese tiempo de pausa para transmitir a toda velocidad respuestas y enviar mensajes fundamentales».

La clave es aprovechar los pequeños intervalos de tiempo entre reuniones, en salas de espera o mientras hacemos cola.

Qué se puede hacer en cinco minutos:

- Revisar el correo electrónico para ver si hay mensajes importantes.
- Preparar la agenda de citas del mes.
- Empezar a elaborar la lista de invitados para una inminente recepción de clientes.

Qué se puede hacer en diez minutos:

- Pensar en maneras de resolver un problema particular del trabajo.
- Redactar un e-mail o un memorando.
- Revisar un boletín informativo.
- Concederse un «respiro mental». A veces, la mejor forma de usar el tiempo es mirar por la venta y no hacer nada en absoluto.

Qué se puede hacer en treinta minutos:

- Echar un vistazo a un informe y subrayar las partes que requieren un estudio posterior.
- Leer publicaciones, periódicos y revistas que aún no se han leído.
- Empezar a ocuparse de una parte de una tarea compleja. Por ejemplo, si tiene que escribir un discurso para una conferencia próxima, use este tiempo para anotar algunas ideas preliminares sobre el tema.

Ted Benavides, administrador de Dallas, Texas, dice: «Cuando iba a cortarme el pelo o al médico siempre llevaba un libro o un informe en el coche. Leía el último libro de Drucker o me ponía al día en alguna tarea pendiente. Como, de todos modos, voy a estar allí sin poder moverme, mi pregunta es: "¿De qué forma puedo aprovechar ese tiempo al máximo?"»

LA ESTRATEGIA DEL «QUESO SUIZO» DE LAKEIN

En *Cómo tomar el control de tu tiempo y de tu vida*, Alan Lakein, el gurú de la gestión del tiempo, recomienda que antes de abordar una tarea de gran envergadura, le hagamos una serie de agujeros, es decir, que realicemos pequeñas tareas siempre que podamos. Por ejemplo, ¿tiene cinco minutos de descanso entre reuniones? Antes de lanzarse a decorar de nuevo las oficinas, mire unos cuantos sitios web para recoger información preliminar, como solicitar catálogos de tres empresas de mobiliario para oficinas. Hará tantos agujeros en el proyecto (es decir, lo convertirá en un «queso suizo») que en el momento en que se siente para empezar a trabajar, le parecerá mucho menos abrumador.

2. ARRANQUE SU MAÑANA LA NOCHE ANTES

Empiece su jornada la noche antes. Saldrá a la calle más rápido —y con menos barullo— si la planifica con antelación.

Antes de irse a la cama, ponga café en la cafetera... prepare un desayuno sin alimentos perecederos, como un cuenco con cereales... elija la ropa que se pondrá al día siguiente... y prepare el maletín y déjelo junto a la puerta de la calle. Ponga *post-its* en la puerta con recordatorios como «Hacer hoy», «Recoger ropa tintorería», «Lavar coche», cójalos cuando salga y péguelos en el salpicadero para no olvidarlo.

3. ADELÁNTESE AL LUNES Y HAGA UNA RÁPIDA REVISIÓN EL VIERNES «ANTES DEL FIN DE SEMANA».

Compruebe rápidamente su mesa y la bandeja de entrada para asegurarse de que ha pasado por el TRAF todos los papeles y e-mails. Ponga todos los documentos no tramitados en su carpeta de «Hacer» para despacharlos rápidamente el lunes.

Revise su lista de cosas por hacer. Destaque sus prioridades para el lunes y ponga encima de la mesa lo que necesita para realizar esas tareas.

No soslaye ningún asunto de la semana que acaba que no haya solucionado. Limítese a anotarlo digitalmente o en su agenda manual para la semana siguiente.

Bien, ya está. ¡Que disfrute del fin de semana!

4. LA REGLA DE LAS TAREAS RÁPIDAS

Señale en su lista todas las tareas que requieran cinco minutos o menos. Cuando pueda, ocúpese de ellas en cuanto lleguen a su mesa. Pero, en todo caso, despache por lo menos dos o tres de esas pequeñas tareas cada día.

5. PLANEE PRIMERO Y AHORRE HORAS DESPUÉS

James W. Botkin, en su libro *Smart business*, recoge este consejo de Dave Bogan, de CFC: Siga la regla del 15/4. Si dedica quince minutos a pensar qué va a hacer antes de empezar a hacerlo, se ahorrará cuatro horas de tiempo más tarde. Alguien que haya pensado en su jornada de trabajo, que haya fijado prioridades y organizado las tareas del día tiene más probabilidades de realizar mucho más que alguien que se mueve al azar durante todo la jornada. Así pues, use la regla del 15/4 para ahorrar tiempo y aumentar su eficacia y la de su personal.

6. ARRANQUE LA REDACCIÓN DE LOS PROYECTOS

Para poner en marcha la preparación de un informe u otro trabajo escrito plantéese un solitario. Anote cada uno de los aspectos que piensa desarrollar en una ficha. Luego reparta estas fichas encima de la mesa y muévalas para crear combinaciones diferentes hasta que las haya organizado de la manera que le parezca más lógica. Y ése será el boceto de su proyecto.

7. LANCE SU INFORMACIÓN POR TODA LA RED

Evite a toda costa quedar varado en un banco de arena por necesitar que otro departamento le proporcione una información que usted mismo no puede conseguir. Los ejecutivos de alto nivel son famosos durante toda su carrera por mantener amplios contactos informativos en todos los ámbitos de su organización y de su sector. Por ejemplo, Terry Conrad, director general de Merz Pharmaceutical USA, con sede en Greensboro, Carolina del Norte, insiste en que nunca ha perdido el contacto con ningún jefe con quien haya trabajado. ¿Por qué? Es una red de apoyo, siempre útil, que cualquier director de cualquier nivel, puede adaptar a sus necesidades.

Mi consejo es que llegue a conocer por lo menos dos personas en cada departamento importante, para tener alguien disponible que le preste ayuda o información en cualquier terreno. Deje claro a esos colegas que usted siempre estará dispuesto y se sentirá feliz de ayudarles a ellos.

Una buena manera de hacerlo es recorrer las oficinas y crear ocasiones para establecer contactos de manera espontánea. También puede entregar sus documentos a mano, en lugar de usar el correo interno, como pretexto para crear una conversación natural con personas de otros departamentos. Se trata de una variante del MBWA (dirección por paseo).

8. CONSIGA TIEMPO DE CALIDAD CON PEQUEÑOS CAMBIOS EN SUS COSTUMBRES

Cuando sentimos que nadamos contracorriente y no logramos llevar nada a buen término, suele ser útil hacer un pequeño cambio en nuestras costumbres para abrir un tiempo de calidad. Por ejemplo, un director que entraba cada día a las siete y media de la mañana a fin de conseguir «una hora tranquila» para trabajar en sus prioridades, apenas avanzaba hasta que comprendió que malgastaba un tiempo importante en sacar las carpetas pertinentes y organizarse para el proyecto en que trabajaba. Trasladó, simplemente, los preparativos al final del día anterior y ahora, cuando llega por la mañana, puede ocuparse de su trabajo fundamental de inmediato, sin perder ni un minuto. ¡Vaya diferencia!

Siempre que tengamos esa sensación de «nadar contracorriente», con frecuencia podremos liberarnos haciendo una serie de preguntas básicas:

«¿Tendría que hacer esto más temprano? ¿Más tarde?» «¿Tendría que hacerlo yo mismo o con un equipo o delegarlo?» «¿Se puede simplificar el procedimiento?»

Examinar de vez en cuando nuestras costumbres puede impulsar nuestra productividad enormemente.

INGENIOSAS IDEAS DE VIAJE DE UN EJECUTIVO

James Morris, presidente y director general de Signator (empresa filial de John Hancock) hace unos comentarios muy interesantes y útiles sobre su propio programa para la eficacia en los viajes. «La verdad es que me muevo mucho. En la actualidad viajo, por motivos de trabajo, entre tres y cuatro días a la semana. Anoche estaba en Los Ángeles, esta noche tengo una cena en Kansas City y mañana por la noche otra cena en Phoenix. Para mí, las horas de viaje no se diferencian de las horas de oficina.

«Una manera de sacar partido a los viajes es adoptar "rutinas" para las cosas que llevo conmigo. Uno aprende a adaptarse. Por cierto, y no es un juego de palabras, siempre llevo mi adaptador para no quedarme sin hacer nada durante el vuelo. Mi permiso de conducir va en mi bolsillo izquierdo. Llevo una bolsa de ropa ligera para los viajes de un solo día y otra más pesada para los de más duración, y mi maletín favorito...

»Una cosa que he aprendido a hacer para cerciorarme de que no me olvido de nada es que tan pronto como subo al avión pongo en práctica una pequeña rutina: vuelvo a guardar el permiso de conducir en el billetero, pongo el maletín encima del asiento y la bolsa de ropa en el compartimento superior y, de esa manera, no tengo que preguntarme qué he hecho con el permiso de conducir y las demás cosas.

»Programo, adrede, las teleconferencias para el intervalo de tiempo durante el cual espero el avión. [S. W.: Muy hábil.]

»Tengo tres bandejas encima de la mesa del despacho: la de entrada, la de salida y la «del avión». Mi secretaria, Joanne, pone todo lo que me es preciso leer y contestar —pero que no es urgente— en la caja del avión. Por ejemplo, un informe de ventas de la central o documentos del consejo que hay que revisar y a los que hay que responder.

»Me llevo todo el contenido de la caja del avión conmigo para leerlo y ocuparme de él durante el vuelo.» [S. W.: También muy práctico.]

Prácticas que ahorran tiempo al equipo

En la actualidad, muchas empresas de los sectores de fabricación, distribución o tecnología funcionan por medio de equipos de proyecto. Así que si su grupo de trabajo —una unidad departamental, un equipo funcional o incluso una pequeña compañía— se ve continuamente desviado de su rumbo por una serie de acontecimientos molestos o negativos, pruebe a poner en práctica alguno de los siguientes ahorros y multiplicadores del tiempo «para equipos» instaurados por muchas empresas, grandes y pequeñas.

GANE TIEMPO CON PLANTILLAS PARA LOS PROCEDIMIENTOS BÁSICOS

Los ejecutivos de Johnson & Johnson estaban preocupados porque sus nuevos productos tardaban mucho en salir al mercado. El problema era que la Food and Drug Administration devolvía continuamente las solicitudes para los nuevos productos de J&J con muchas preguntas adicionales.

Para reducir la demora, J&J recogió todas las peticiones hechas hasta entonces por la FDA. Ahora, el equipo de solicitudes de la empresa se anticipa a las preguntas de la FDA, completa la investigación por adelantado y proporciona las respuestas en la petición inicial.

Esta sencilla iniciativa ha acelerado de forma espectacular el proceso de aprobación. En un caso, Johnson & Johnson ganó treinta millones de dólares sólo porque consiguió sacar al mercado un producto un mes antes.

Cómo adaptar la idea de la plantilla. Un abogado de recursos humanos harto de tener que vérselas con cantidades ingentes de documentos que le enviaban para cada posible reclamación, elaboró una lista de control para el departamento de recursos humanos y consiguió así que le entregaran sólo los documentos clave. Él seguía teniendo la posibilidad de pedir más detalles si los necesitaba.

ACELERE LAS COSAS APRENDIENDO DE EMPRESAS DE OTROS SECTORES

Cuando Motorola quiso recortar el tiempo que transcurría entre recibir un pedido y entregar un móvil, se comparó con un líder sorprendente, pero bien conocido por la rapidez de sus entregas: Domino's Pizza.

Cómo adaptar la idea de aprender de la competencia. Al director del servicio de comidas para empleados de un gran hospital le preocupaban las crecientes quejas que recibía relativas a la cafetería. Abordó el problema con el director del servicio de comidas de una cercana e importante compañía de seguros, cuyo servicio interno de comidas gozaba de una calificación muy alta.

ENCUENTRE NUEVOS PRODUCTOS INSTAURANDO «FOROS» DE COMPRAS

Veamos cómo lo consiguieron dos empresas:

Haystack Toys encuentra nuevos productos patrocinando una gira anual llamada *Great American Toy Hunt* (Gran cacería de juguetes), a la cual invita a los inventores de juguetes para que exhiban sus productos.

Henri Bendel, una exclusiva tienda especializada de la Quinta Avenida, prepara cada tres meses una reunión llamada «mirada abierta». Teril Turner, de Bendel, la describe como una «convocatoria de ideas», y en ella los diseñadores de ropa, accesorios y cosméticos tienen la oportunidad de presentar sus productos.

Ambas empresas han incorporado seis nuevas líneas de productos en un año, todas ellas surgidas de esas convocatorias.

Cómo adaptar la idea de la «expo»: Si busca una forma racionalizada de localizar nuevos productos o servicios para su empresa, piense en elaborar una lista de proveedores que estén interesados en participar en una exposición siguiendo las líneas descritas arriba.

¿ESTÁN CAMBIANDO LAS COSAS? VEAMOS CÓMO HEWLETT-PACKARD LLEVÓ A CABO UNA TRANSICIÓN EFICAZ Y ORDENADA

Cuando Hewlett Packard y Compaq se fusionaron, los «números» del cambio se salían de las gráficas. Webb McKinney, que encabezaba el equipo de integración encargado de la fusión de HP y Compaq, preparó a su equipo para llevar la integración, sin sobresaltos, desde el concepto a la acción.

Sólo un par de días después de que se aprobara la fusión, los representantes de HP visitaron a los cien principales clientes de la nueva empresa. Su misión era presentar a los nuevos equipos de cuentas, mostrar a los clientes «libros» encuadernados en los que se detallaban qué productos se mantendrían y cuáles serían retirados paulatinamente y ofrecerles garantías de una transición ordenada a otras alternativas para los productos retirados.

Cómo adaptar la idea de la «transición ordenada». Delimite con meses de antelación en qué forma las tareas internas habituales, los sistemas y los individuos se verán afectados por el cambio. Asegúrese de que todas las partes comprenden su nuevo cometido elaborando —cuando sea adecuado— material explicativo escrito y celebrando reuniones para discutir y aportar ideas.

Dos normas básicas:

1. Nada de sorpresas.
2. Asegúrese de que todos saben exactamente qué se supone que tienen que hacer el día en que se implante el cambio y posteriormente.

CÓMO MANTENER UNA TRAYECTORIA DE CALIDAD

El antiguo presidente de British Airways, sir Colin Marshall, decidido a dar el mejor servicio, creó una unidad de control de calidad formada por diez miembros, a la que llamó *Snoop Squad* (Brigada fisgona). Los componentes de la brigada estaban encargados de detectar cualquier fallo en la actuación de la compañía usando sus servicios como si fueran unos clientes más.

La unidad controla 350 medidas de actuación que incluyen servicio puntual, limpieza del avión, facilidad de facturación y tiempo pasado a la espera para hacer una reserva por teléfono.

Lo que descubre la *Snoop Squad* es tan importante que sus informes mensuales de calidad son enviados al consejero delegado, al director financiero y a otros ejecutivos de alto nivel.

Cómo adaptar esta idea del control de calidad: Cree un equipo para el control de calidad dentro de su departamento o unidad de trabajo. Primero, celebre reuniones para recabar ideas sobre los criterios de control de calidad aplicables: ¿Buena iluminación y un servicio amable en la zona de recepción? ¿Devolución de llamadas en veinticuatro horas? ¿Mejor mantenimiento para ordenadores, impresoras, fotocopiadoras y otras máquinas? A continuación, diseñe una forma de recoger esta información. Y, finalmente, organice revisiones mensuales y elabore programas de mejora, según sea necesario.

CORRECCIÓN DE PRUEBAS A PRUEBA DE BOMBAS

Las erratas y los errores en documentos importantes, como contratos y propuestas, pueden generar desastres que consumen tiempo. Tal vez sus empleados puedan divertirse un poco —y seguir siendo eficaces— mientras corrigen documentos complicados.

Edie Jarolim, antiguo corrector de pruebas de un bufete de Wall Street, ofrece los siguientes consejos: «Nosotros hacíamos la corrección de pruebas en voz alta y en pareja, para estar seguros de la exactitud del documento. La puntuación quedaba especificada por golpes en la mesa y enunciándola. Una coma era «com», un punto «punt», etcétera. Robert, un artista en ciernes... cantaba los documentos con diferentes melodías de Broadway».

Cómo adaptar esta idea de la corrección de pruebas. Si alguna vez ha sentido el pánico provocado por un error en un documento técnico o un contrato, piense en dar formación a su personal para que adapte esta técnica.

REDUZCA LAS PÉRDIDAS DE TIEMPO DEL EQUIPO

Una empresa de publicidad descubrió que un empleado tecleaba el mismo informe dos veces —dedicaba seis horas adicionales a la semana— porque un error en la red no le permitía enviar la información a otra división.

Para identificar a quienes malgastan el tiempo en sus oficinas, celebre una reunión trimestral con sus subordinados directos, para «evaluar la eficiencia». Para prepararla, pídales —y dígales que, a su vez, se lo pidan a sus propios subordinados— que hagan un control de tiempo durante la semana anterior a la reunión. Eso determinará a qué tareas dedican más tiempo. En la reunión someta cada tarea y cada clase importante de actividades a las cinco preguntas siguientes:

1. ¿La cantidad de tiempo gastado es razonable y apropiada, dados sus beneficios?
2. ¿Duplicamos esfuerzos?
3. ¿La persona responsable tiene los conocimientos apropiados? ¿Tendríamos que encargar esa tarea a otra persona o mejorar los conocimientos de la primera?
4. ¿Podríamos simplificarla? ¿Delegarla? ¿Eliminarla? ¿Podemos racionalizarla con una tecnología de un nivel más alto?
5. ¿En qué podemos invertir este ahorro de tiempo para conseguir el máximo beneficio?

Bill Gates se aseguraba de que los sistemas usados para controlar las compras de los clientes destacaran automáticamente las «excepciones» —cifras que se salían de los parámetros previstos— para que los directores pudieran dedicarse a resolver el problema en lugar de tener que analizar laboriosamente los números.

Nueve consejos y prácticas óptimas adicionales para ahorrar tiempo

1. **Aplique un código de color a su agenda** para saber de un vistazo cómo están los proyectos o encargos. Ejemplos: rotulador rojo, para los asuntos de máxima prioridad; azul, para fechas límite; verde, para seguimiento; negro, para el trabajo programado diariamente.
2. **¿Ventas o contactos que se enfrían debido a un seguimiento lento?** Junto con su grupo, cree un plan de ataque. Anote todos los contactos o posibles clientes cuando surjan o recoja sus tarjetas de visita. Cada día, introduzca usted mismo o pida a su ayudante que introduzca estos contactos en una hoja de cálculo. Envíela por e-mail a un «coordinador principal» que les enviará de inmediato los materiales apropiados al contacto.
3. **Evite verse inundado de material de lectura.** Lea de forma cooperativa. Reparta las publicaciones entre sus empleados o compañeros y haga una reunión mensual para que cada uno resuma los asuntos clave de las publicaciones que ha leído.
4. **Recorte algunas de sus tarjetas de visita** para usarlas como etiquetas en su equipaje, maletín, ordenador portátil o funda de la cámara. Además de servirle como identificación, también pueden animar conversaciones que le proporcionarán una oportunidad de negocio.
5. **Haga primero la parte de trabajo que menos le gusta** y así la que queda pendiente será la que más le gusta. Su propio entusiasmo le facilitará las ideas y le proporcionará la energía necesaria para la parte mejor de la tarea.

6. **Divida para conquistar.** Ningún trabajo parece demasiado complicado si lo reduce a una única acción, que luego es seguida por otra y otra, hasta que el trabajo está hecho por completo.
7. **Cerciórese de mantener vivo el contacto con una nota de agradecimiento** después de cerrar una venta o por cualquier gesto de amabilidad. Leonard A. Lauder hacía un especial hincapié en la importancia de esta cortesía. Aquí tiene un modo fácil de estar al día en expresar los agradecimientos: Tenga en reserva, en casa, una serie de tarjetas y sobres, sellos y lápices, metidos en una caja, junto al sillón de la televisión. Llévese a casa una copia de cada orden de compra. Luego, mientras ve la televisión, ocúpese de escribir unas cuantas tarjetas de agradecimiento. Es una simple muestra de cortesía que encierra una potencia de fuego extraordinaria.
8. **Facilítese la reanudación de una tarea de escritura** que tuvo que interrumpir a la mitad dejando una frase sin completar. Al acabarla volverá a meterse dentro del proyecto.
9. **Use un clasificador de anillas con hojas sueltas** para recoger toda esa miscelánea de elementos inclasificables (instrucciones para casos de incendio, números de extensión poco usados, horarios de la cafetería, etc.).

Cómo encontrar un estilo de organización del tiempo óptimo para usted

Muchos ejecutivos de éxito valoran la importancia de dar con su propio estilo y, por así decir, dejarse llevar por la energía de su personalidad y su temperamento. En palabras de Luke Corbett, de Kerr-McGee: «Sea usted mismo».

Los siguientes cuatro elementos, sumados, crean un estilo productivo:

Motores de arranque personales. Las cosas que más le apasionan e interesan.
Técnicas para relajarse y recargar baterías.
Horario estelar personal.
Identificar un «concepto del tiempo» *exclusivo.*

Motores de arranque personales. ¿Qué le pone en marcha?

Muchos ejecutivos de éxito buscan activamente situaciones y ambientes que activen su energía mental.

Entre brazada y brazada. Peter Lewis, presidente de Progressive Insurance, tiene sus mejores ideas mientras da brazadas en su piscina. Tiene una grabadora en cada extremo donde recoge sus ideas. Fue una de estas idea surgidas de la piscina la que ayudó a la compañía a bajar las tarifas de los seguros de automóvil. Lo habitual es que las aseguradoras entreguen a los clientes una hoja de presupuesto para llevar al taller, lo cual anima tanto a los clientes como a los talleres a engordar la factura. La idea que se le ocurrió a Lewis entre brazada y brazada fue peritar la reparación ellos mismos y realizarla a un coste mucho más bajo.

«Resuelvo la mayoría de mis problemas al final de la jornada, en une estado de consciencia un tanto alterado», dice Lewis.

Estructurar la mente. Marcia Zerivitz, del Museo Judío de Florida, expresó una idea que ella describe como «estructurar la mente». Es una manera de ordenar su energía mental. Por ejemplo, dejará a un lado, en él «montón para mañana», un documento que tiene que revisar atentamente, porque hoy su estado de ánimo no es el adecuado. Como ella dice: «No malgasto el tiempo leyéndolo. Sabía que podía esperar hasta mañana... así que hice algo así como estructurar mi mente. En ese sentido soy bastante disciplinada. Siempre me pondré a hacer la tarea en el momento oportuno».

Sam Walton, vigorizado por el fracaso. Cuando el fundador de Wal-Mart cometía un error, no malgastaba el tiempo flagelándose por ello. A la mañana siguiente, se ponía a hacer algo nuevo.

La habilidad de levantarse después de un fracaso es una cualidad que todo líder de éxito necesita perfeccionar. Ayuda a pensar en el fracaso como precursor necesario del éxito. Cuando cometes un error, levántate y prueba otra vez... rápido.

Pruebe con esto: Revise en su mente las veces que se ha sentido más lleno de energía y animado. ¿Puede identificar las circunstancias que favorecieron esa sensación? Reprodúzcalas, instituyendo los elementos que sustentaron su energía y eliminando los que causaron su desánimo.

IMPULSE LA PRODUCTIVIDAD CON MINISESIONES DE GIMNASIA

Incluso los directores generales más ocupados saben que el ejercicio puede producir un mejor rendimiento en el trabajo.

Jerry W. Levin, director general de Sunbeam, admite que conservar la salud es un reto. «Tengo que estar en forma para mi trabajo, porque la jornada es larga y hay que hacer malabarismos con muchas pelotas al mismo tiempo», dice.

Su consejo, recogido en un artículo de *Wall Street Journal*, es el siguiente: «No se salte la gimnasia sólo porque tiene una reunión». Cada mañana completa una serie de abdominales y estiramientos. Hace ejercicio con pesas ligeras y corre dos o tres veces a la semana.

Consejos de Kenneth Cooper para hacer ejercicio en un día laboral

Según el doctor Kenneth Cooper, experto en aeróbic, un ejercicio moderado y constante es el estímulo para la productividad más subvalorado. Aquí tiene algunos consejos específicos para hacer ejercicio durante su jornada laboral:

- Aparque a un kilometro y medio de la estación y vaya andando hasta el tren.
- Camine medio kilómetro a través del aparcamiento, en lugar de aparcar junto a su edificio.
- Suba por las escaleras para ir a ver a sus compañeros en otras plantas.
- Cuando tenga unos minutos libres (antes de su próxima reunión, por ejemplo), hágase con una cinta de ejercicio o una cuerda de saltar, no una taza de café.
- Haga, discretamente, algunos ejercicios isométricos en su mesa o mientras espera el ascensor.

Introducir facilidades para hacer ejercicio en el trabajo

Muchas grandes corporaciones reconocen el valor que tiene el ejercicio para los empleados e instalan gimnasios dentro de la empresa. Si eso resulta algo complicado para su firma, piense en cómo conseguir descuentos en un gimnasio cercano y ofrecer clases con un preparador. La *National Music Publishers' Association* de Nueva York instaló una bicicleta estática en una sala pequeña para que la usaran los empleados.

Estrategias para relajarse y recargar baterías

Tómese unas «minivacaciones» a lo largo del día. Michael Bryant, consultor y presidente de Career Transition Services, en Baltimore, recomienda tomarse breves descansos de cinco a diez minutos durante el día para recargar pilas y conservar la concentración. Bryant dice: «Esos minidescansos le darán equilibrio».

Veamos cómo tres ejecutivos se toman tiempo para recargar pilas: «A veces, entro en Expedia.com o Travelocity.com y planeo un viaje imaginario, por ejemplo, a Suiza —dice Doug Renfro, presidente de Renfro Foods, una empresa familiar de elaboración de salsas, de Fort Worth, Texas—. Me ocupa quizás unos cinco minutos, es interesante y alivia la tensión».

Mark Porter, presidente y director general del servicio de impresión en línea, htp-print, en San Francisco, llama a su hija de veintiún meses y «practica» el alfabeto con ella. «Oírla decir "papá" me devuelve a la tierra si las cosas se ponen demasiado demenciales.»

Sharon Keys Seal, *coach* empresarial profesional, de Baltimore, da una vuelta a la manzana. «Acabo de ponerme un podómetro para estar segura de que doy por lo menos diez mil pasos al día.» También hace una llamada a mediodía a su mejor amiga en Missouri.

Retiros. Así es como Bill Gates, de Microsoft, y también otro ejecutivo, Paul Winslow, director general de QTI Solutions, laboratorio de análisis farmacéuticos con sede en Nueva Jersey, hacen tiempo para reflexionar.

Bill Gates se toma dos «semanas para pensar» cada año, en el refugio que la familia tiene en Hood Canal, al noroeste de Washington, a fin de rumiar sobre la «siguiente cosa grande» en tecnología.

Paul Winslow va a su despacho el día de Año Nuevo y contrasta todos los proyectos pendientes con los principales objetivos y prioridades. Los proyectos que no dan la talla son eliminados, y así queda despejada la zona para el nuevo año. (Si un retiro completo no encaja en sus posibilidades, ¿qué tal adaptar esta idea dedicando unas cuantas horas cada fin de semana a pensar libremente.)

Días «administriviales». El consultor Jeffrey Fox encuentra muy relajante despejar la mesa y dedica un día al mes a ocuparse de todos los cabos sueltos. «Vaya a la biblioteca una vez al mes... Organice todas las tareas que tiene por hacer. Liquide todas las trivialidades administrativas (esas pequeñas tareas, como papeleo, cuentas de gastos, revisiones de informes que, si no se hacen, pueden causar grandes problemas). Organice sus grandes proyectos en partes pequeñas, fáciles de digerir. Ponga al día a sus empleados... Escriba todas sus notas de seguimiento, cartas a los clientes y notas de agradecimiento.

«Un buen día de trabajo ininterrumpido en una biblioteca tranquila le permitirá hacer diez veces más que durante el mismo número de horas en la oficina.»

A continuación le damos una lista parcial de «recargadores» que nos han sugerido para levantar el ánimo. ¿Qué le animaría el día?

- Tómese descansos durante el día.
- Haga ejercicio.
- Escuche música.
- Tenga una breve charla o un intercambio de e-mails con su cónyuge o un amigo íntimo.
- Lea un artículo de una revista o un capítulo de un libro que no guarde relación con el trabajo.
- Dé un paseo.
- Haga yoga o meditación.
- Haga una siestecita de diez o quince minutos.

- Haga un crucigrama.
- Juegue a algo en el ordenador.

APROVECHE SU TIEMPO ESTELAR PERSONAL

¿Está usted fresco y con muchas ganas de ponerse en marcha a primera hora de la mañana? ¿O su momento más «alto» es más avanzado el día?

Dé un enorme impulso a su productividad personal haciendo un serio esfuerzo por reservar por lo menos una hora durante sus mejores momentos para ocuparse de sus prioridades y tareas más exigentes.

Identifique sus conceptos del tiempo «exclusivos».

Con lo que es un giro interesantre, algunas personas aumentan valor productivo pensando en el tiempo de una forma característica que pone en marcha su energía. Veamos dos ejemplos:

Quedarse «en el punto». El gran tenista Jimmy Connors decía que, durante un partido, sólo piensa en el punto que está disputando. Nunca piensa en si va a ganar o no. Toda su atención se centra en lo que tiene que hacer a continuación. Cuando se ha jugado ese punto, tanto si lo ha perdido como si lo ha ganado, lo elimina de su mente y se centra, por completo, en el siguiente.

Convertirse en «policía de crisis». Un ejecutivo, que confesó que no era organizado por naturaleza, describió cómo superó su tendencia al desorden imponiendo un valor más fuerte: crear un ambiente de estabilidad y calma.

«No es que *cree* una cierta cantidad de caos en mi vida de manera consciente. Cada llamada sin devolver, cada carpeta o e-mail no solucionado es una invitación para una crisis o para que las cosas empeoren.

«Así que pienso en mi secretaria y en mí mismo, trabajando juntos, como policías de crisis, dedicados a atrapar las crisis antes de que se produzcan, mediante una estricta organización diaria y una planificación previsora.»

10

El mito de las «multitareas»

La perspectiva de un alto cargo ejecutivo

En este tiempo de presiones, la realización de múltiples tareas al mismo tiempo —firmar documentos mientras hablamos por teléfono, hacer diez cosas a la vez— significa, por definición, conseguir cada vez más en cada vez menos tiempo.

Así pues, es una apuesta segura decir que los altos ejecutivos son muy buenos en esa práctica. ¿No es verdad? A ver si lo adivina.

La mayoría de ejecutivos...

> *Son reyes en el arte de las «multitareas».* Consiguen hacer más en cinco minutos que la mayoría de nosotros en veinticinco.
>
> *Practican las «multitareas» activamente.* No dejan de buscar oportunidades para hacer muchas cosas al mismo tiempo.
>
> *Sólo practican las «multitareas» de vez en cuando* y, además, de manera lógica, por ejemplo, leen informes mientras hacen ejercicio en la bicicleta fija.

Llegué a la conclusión de que los altos ejecutivos «son reyes en el arte de las "multitareas"» y me equivoqué. *La mayoría de ejecutivos de alto nivel no practican las «multitareas» de ninguna forma significativa.*

De vez en cuando, en este libro nos tropezamos con un misterio del mundo ejecutivo: una práctica de gestión del tiempo extendida entre los ejecutivos que parece ir contra todo lo esperado. Ésa es una de esas sorpresas ilógicas, como el hecho de que Bill Gates, como ya he mencionado antes, ni siquiera lea mientras está en la bicicleta estática y prefiera concentrarse sólo en el ejercicio.

¿Cuándo piensan los ejecutivos que hacer muchas cosas al mismo tiempo es apropiado y cómo lo hacen? ¿Y qué hacen en cambio? ¿En qué momentos esa práctica de las «multitareas» resulta ser un obstáculo real a la productividad?

Los ejecutivos no realizan distintas tareas al mismo tiempo: se concentran intensamente en una sola

La realización de múltiples tareas simultáneas es uno de los mayores malentendidos de la gestión del tiempo, por lo menos en lo que hace a los ejecutivos de alto nivel. En un interesante artículo de Alison Overholt, publicado en *Fast Company,* con el título *The art of multitasking*, los ejecutivos entrevistados, con una breve excepción, no se dedicaban a realizar distintas tareas a un tiempo. Por ejemplo, Stephen Carter, director general de Cingular Wireless, se monstraba muy centrado en completar pequeñas tareas —ocuparse de los e-mails de inmediato y de los documentos en papel en cuanto aparecían en su mesa—, pero no se mencionaba ninguna actividad que pudiera encajar en la denominación de «tareas simultáneas».

Para Marissa Peterson, vicepresidenta ejecutiva de operaciones mundiales de Sun Microsystems, la clave de la eficiencia es planear y delegar, incluyendo a su familia. En una ocasión, cuando una avería del ordenador destruyó todas sus diapositivas para una presentación inminente, convirtió la operación de rescate en un asunto familiar, y su esposo y sus dos hijos la ayudaron. Pero la multiplicidad de tareas tampoco parece ser una parte significativa de su cartera de eficacia.

El único caso de esa práctica citado en el artículo citado de *Fast Company* se refería a Anne Altman, directora gerente de IBM, que intercambiaba mensajes instantáneos con un miembro del personal mientras hablaba por teléfono con un cliente, para obtener información puesta al día sobre ese mismo cliente.

Entonces, ¿dónde está el malentendido? Seguro que todos, en todos los niveles, necesitamos y queremos realizar las tareas de forma eficaz y en un corto período de tiempo. Ese objetivo está vigente en todas partes. No obstante, los ejecutivos de alto nivel tienden a hacerlo de forma diferente.

Para visualizar el camino dentro de este territorio imagine, por favor, dos objetos cuadrados. Uno de ellos es un cuadrado de tejido hecho con muchas hebras que se entrecruzan. El otro está compuesto de muchas piezas pequeñas de mosaico.

Sin abandonar esta metáfora, el «tejido» representa la idea aproximada de la multiplicidad de tareas, mientras que los mosaicos —una imagen ya utilizada en el contexto del TRAF— representan el modelo de concentración de los altos ejecutivos.

Los ejecutivos de mucho éxito tienden, por lo general, a *centrar* su atención, aunque sea muy brevemente, en la tarea o reunión inmediatas. Son reacios a dispersar su atención o permitirse una distracción.

Con todo, lo que distingue este planteamiento es que cada vuelta del caleidoscopio tiende a ser extremadamente breve. El teórico de la gestión Henry Mintzberg, en *La naturaleza del trabajo directivo*, su clásico de 1973, observó que la mayoría de encuentros de los directores generales «en el pasillo» no duraban más de nueve minutos. Calculo que hoy la mayoría de esos contactos «concentrados» no duran más de tres o cuatro minutos.

Pero da la sensación de que los ejecutivos realizan una multiplicidad de tareas porque muchas se hacen en un espacio de tiempo muy corto.

Entonces, ¿qué diferencia los constantes contactos de una «concentración» productiva de la experiencia diaria que algunos describen como «que te maten los patos a picotazos»?

La diferencia es la *concentración*. En cada breve encuentro, hay un «asunto» real. Le pregunté a Teodoro Benavides, administrador de la ciudad de Dallas, qué opinaba de mi observación de que los ejecutivos de alto nivel no parecen conscientes de que procuran hacer cincuenta cosas a la vez.

Me dijo: «Yo hago lo más importante cuando lo hago. No debería estar haciendo nada más. Siempre tendré tiempo para eso más tarde.

»Lo que hago es escribir en un *post-it* cualquier cosa nueva que surge cuando estoy concentrado en otra cosa "Tengo que pensar en esto..." y pego los *post-it* en mi mesa. Así, cuando voy en el coche, camino de casa, con la música a todo volumen, empiezo a pensar: "Mira, hay ese asunto de la amortización del que tengo que ocuparme. Es preciso que hable con esta y con aquella persona".

»Siempre hay tiempo, cuando no me habla nadie, para revisar ese material. Luego, cuando llego al trabajo, puedo llamar a esa persona y decirle: "Me preocupa esto, es preciso que te preocupes conmigo".»

Esto hace que centrar la atención en un punto —que puede representar cien o más contactos breves cara a cara o por teléfono durante el día (el correo electrónico no cuenta)— sea una poderosa táctica de gestión del tiempo. (Desarrollamos el arte de convertir esos breves encuentros en motores de gran potencia para la productividad en el capítulo catorce.)

Y entrelazado con ese centrarse en un punto encontramos la tendencia a llevar a término los trabajos, sean grandes o pequeños, al estilo bulldog, sin soltar presa.

Por ejemplo, todos los ejecutivos que han subido desde abajo, una vez que han cogido un papel o abierto un e-mail ni soñarían siquiera con no ocuparse de él, con no pasarlo por el TRAF. Dejar algo en un limbo sin decidir nada... bueno, es algo que no entra en su naturaleza.

¿Y el resto de nosotros? No será ninguna sorpresa que esta urgente «voluntad de completar» no esté necesariamente tan enraizada en todos nuestros genes.

A continuación detallamos algunas técnicas para ayudar a desarrollar nuestra propia capacidad de «centrarnos en un punto» y llevar las tareas hasta su compleción.

CUÁNDO OCUPARSE DE MÚLTIPLES TAREAS...

Laureen Ong, presidenta del National Geographic Channel, con sede en Washington D. C., y experta en la realización de múltiples tareas simultáneas, dice en un artículo del *New York Times:* «Cuando eres joven, piensas que la vida es eterna. Pero entre los treinta y los cuarenta comprendí lo corta que era la vida y que tenía que hacer más cosas cada día. Ahora me levanto a las cinco de la mañana y practico mis discursos mientras hago clases de giro continuo en la bicicleta».

Otra ejecutiva revisa sus e-mails con su Black-Berry mientras vuelve a pie de almorzar. ¡Por favor, ojo al tráfico! Y, por supuesto, firmar órdenes de compra mientras se está en una teleconferencia donde no se necesita su participación es una ocasión clásica de ocuparse de múltiples tareas.

Otras pesonas encuentran que hacer ejercicio en un gimnasio es una oportunidad fantástica para simultanear tareas: comprobar las cotizaciones del mercado de valores mientras trabajas en la Stair-Master o leer informes mientras pedaleas en la bicicleta estática.

Y cuándo no hacerlo...

Pero puede salirnos el tiro por la culata. Hacer demasiadas cosas a un tiempo puede acarrear problemas. Por ejemplo, ¿ha enviado alguna vez el mensaje equivocado por e-mail a un cliente, mientras hablaba por teléfono con su jefe? Asimismo, si un miembro de su equipo le está informando sobre una importante reunión con un cliente, debe prestarle toda su atención. No es el momento de dar el visto bueno a unas facturas ni de firmar cartas.

Técnicas para ayudarle a centrarse en un punto

Como el redoble de tambores a favor de realizar múltiples tareas al mismo tiempo ha sonado con tanta fuerza, muchos directores han experimentado una reducción en su capacidad de concentración.

Vamos a exponer algunos sistemas para que, en lugar de tratar de hacer cinco cosas a la vez, pueda completar las cinco con más rapidez y eficacia centrándose en cada tarea, una detrás de la otra.

Nancy Ratey, experta en TDAH (trastorno por décifit de la atención con hipersensibilidad), de Wellesley, Massachusetts, ofrece a sus clientes algunos consejos interesantes para la «concentración». ¡Y no es necesario padecer TDAH para beneficiarse de ellos!

- Pida a su secretaria que, en lugar de dejarle un montón de notas y correspondencia encima de su mesa, se siente con usted una vez al día para una sesión de trabajo de diez o quince minutos. Ella le entrega una carpeta, un documento o una copia impresa de un e-mail. Estudian juntos lo que hay que hacer, su secretaria toma notas y los dos señalan medidas de seguimiento y revisión. Hecho.

- Si es posible, traslade las oficinas de sus subordinados directos más cerca de la suya, para evitar distracciones mientras se dirige a hablar con ellos.
- Haga una lista que no sea sólo una relación del millón de cosas que tiene que hacer. Destaque cada día las dos o tres tareas más importantes.
- Ponga un código de color en las carpetas de sus subordinados directos y de sus principales clientes. Ponga una pegatina en la parte superior de cada carpeta activa y anote las devoluciones de llamadas, las preguntas y los proyectos más destacados (coordinar las pegatinas por colores que encajen en las carpetas es incluso mejor). De esa manera, una ojeada le bastará para saber qué hay que hacer.
- Empiece a llevar un diario con sus objetivos e intenciones. Contrástelo dos o tres veces a la semana con lo que ha hecho.
- Utilice el sistema del «colega». Hable con un compañero durante diez minutos cada mañana, entre las siete y las ocho, para revisar lo logrado el día anterior y los objetivos para el día que empieza.

Cómo aumentar su concentración

La capacidad de centrarse, en general, ocupa uno de los primeros puestos en la lista de métodos para aumentar la productividad. Sin embargo, en medio del bullicio de un día atareado es una de las más difíciles de lograr. Veamos algunas técnicas de concentración que le ayudarán, como dice Jimmy Connors, a «quedarse en el punto en que está».

El factor de la fecha límite

Es famosa la frase de Samuel Johnson: «La ejecución inminente concentra la mente de una manera maravillosa». Bien, no era exactamente una ejecución, pero Jack Welch no encontró divertido que, después de un mes, su personal de compras apenas hubiera avanzado en un trabajo que les había encargado. Welch levantó la sesión de inmediato y ordenó que volvieran a reunirse al cabo de cuatro horas con una información puesta al día. Sus empleados lograron más en esas cuatro horas que en todo el mes anterior.

La fijación de una fecha límite puede tener un enorme poder. Conozca su propio estilo en ese sentido:

- ¿Funciona bien con el aumento de adrenalina provocado por unos plazos muy, muy apurados?
- ¿Prefiere actuar bajo la presión de unos plazos moderados?
- ¿Tiende a quedarse en blanco o caer presa del pánico si tiene un plazo muy apretado?

Si trabajar con un margen de tiempo muy estrecho lo galvaniza, entonces no dude en aprovechar el subidón de adrenalina. Eso sí, no cometa el mismo error que un director que empezó a trabajar en un importante proyecto la noche antes de la entrega y vio, demasiado tarde, que no había tenido en cuenta el tiempo que necesitaba para que le enviaran unos datos esenciales.

PLAZOS LÍMITE Y CREATIVIDAD

El destacado compositor de música para películas Elmer Bernstein (*Cazafantasmas, Los timadores*), en un artículo en *Fast Company* (julio 2001), dice lo siguiente sobre usar la tensión de las fechas límite para ponerse en marcha:

«En general, he aprendido a trabajar según un plazo de entrega, tanto si lo tengo como si no... Si me dan todo el tiempo del mundo, entonces empiezo a soñar despierto. Llega un momento en que tengo que decirme: "Tengo que hacerlo. Ya". Así es como pongo en marcha mi proceso creativo.

»Eso me recuerda una historia sobre Tchaikovsky. Una señora le preguntó dónde encontraba la inspiración. Y, según se dice, él le contestó: "Señora, cuando entro en mi estudio, cada día, a las ocho y media de la mañana, más les vale a las musas ser puntuales".»

Por otro lado, hay personas que se colapsan cuando les planteas un plazo muy apretado. En ese caso, vaya al otro extremo y añada una buena demora. Cuando calcule que un proyecto le llevará dos semanas, añada una tercera.

Busque el entorno adecuado para la concentración

Por mi parte, para fomentar mi concentración hago lo siguiente: por alguna razón, me cuesta concentrarme en escribir y pensar cuando estoy sola en el despacho, mientras que me concentro de maravilla cuando voy de viaje. Así que, cuando no estoy en un tren o un avión, para conseguir ese efecto de «estar sola en medio de la multitud», cojo mi maletín, me voy a un cercano Starbucks y me absorbo por completo en el trabajo.

Hay otras personas que, por el contrario, encuentran que el más pequeño ruido rompe su concentración. Si necesita silencio, vaya a la sala de reuniones, cierre la puerta del despacho o acuda a la biblioteca pública o universitaria más cercana.

Hay una tercera opción. Un consultor que trabaja en casa dos días a la semana encuentra que cualquier gorjeo de un pájaro lo confunde. Así que tiene la radio y la televisión en marcha para crear «ruido blanco».

Cinco consejos para la concentración

1. **Empiece a pensar en su trabajo en términos de resultados en lugar de actividades.** Ejemplo: No se diga a usted mismo: «Trabajaré en estos informes una hora». Dígase: «Acabaré diez informes antes de irme a almorzar». De esa manera se concentra en completar el trabajo en lugar de mirar el reloj.
2. **Lleve un «diario de actividades» cada día.** Según decía Michelle Durst, vicepresidenta de recursos humanos en Merrill Lynch, en un artículo de *Fast Company* (abril-mayo 1998): «No perder de vista lo que haces es mucho más importante de lo que yo esperaba... He empezado un diario de mi trabajo: es una ayuda para mi administrador y hace que no pierda la concentración de día en día y de semana en semana.
3. **Trabaje de pie** para concentrarse y evitar dejar las cosas para luego. Cree un lugar, a la altura del pecho, donde pueda leer y ojear papeles. Si tiene que hacer llamadas de teléfono, hágalas de pie. Esto hará que sus conversaciones sean más cortas y centradas.
4. **En las tareas de rutina, vigile el reloj.** Mire la hora mientras realiza esas tareas habituales. Este recordatorio visual puede ser un acicate para trabajar más rápido.
5. **Invente competiciones consigo mismo.** Fije un cronómetro a diez minutos y procure completar una tarea antes de que suene. Sin que la prisa lo obligue a cometer errores, impóngase un tiempo límite realista para convertir los trabajos monótonos en diversión.

11

Cómo gestionar prioridades múltiples

Peter Drucker ha señalado que aunque los directores de éxito varían mucho en temperamento, intereses e incluso capacidad, tienen una cosa en común: el talento para conseguir hacer lo que de verdad importa. Eso significa tener el valor y la previsión para concentrarse en las tareas críticas, en lugar de tratar de hacerlo todo. Hasta cierto punto, eso significa practicar, cada día, una especie de selección en el trabajo, tomando siempre decisiones fundamentales sobre qué es preciso hacer *ahora* y qué puede esperar hasta más tarde.

¿La manera en que emplea el tiempo refleja sus prioridades o, por el contrario, por mucho que se esfuerce siempre tiene esa sensación descorazonadora de que nunca llegará a ese proyecto esencial de verdad?

La respuesta a su problema puede ser complicada, porque los ejecutivos de alto nivel aplican dos clases de prioridades: Primero, las «actividades imperativas» en que la mayoría pensamos cuando valoramos nuestras tareas prioritarias. Por ejemplo, el responsable de montar una exposición en una feria del sector que empieza en el plazo de dos semanas. Se trata de una prioridad sensible al tiempo y se clasifica como urgente.

Pero luego están las prioridades estratégicas subyacentes y más complejas que deciden, básicamente, no si se pulen los bronces del barco y se alimentan las calderas, sino si el barco sigue el rumbo acertado.

Por ejemplo, es usted el director de unos grandes almacenes. Se enfrenta a una dura competencia de un Target local, que está captando una parte preocupante de sus clientes de nivel alto. Tiene algunas ideas para elaborar una propuesta para la cúpula directiva sobre medios de proteger su cuota de mercado y contrarrestar así esa amenaza.

Dado que, a primera vista, los dos tipos de prioridad parecen distintos, separaremos las prioridades tácticas de las prioridades estratégicas y, al final del capítulo, mostraremos que están inexorablemente unidas.

Quizá quiera probar esta lista estructurada de cosas «prioritarias» preparada por la consultora Linda Cassell Jones.

LISTA ESTRUCTURADA DE COSAS POR HACER

Proyectos importantes	*Otras tareas profesionales*	*Personal y placer*	*Proyectos especiales*
Las tareas número uno, con la máxima prioridad... las que más le preocupan.	Las tareas número dos del día, con una prioridad media.	¿Con quién quiero almorzar hoy?	Si, por ejemplo, es responsable de la renovación de la oficina, las tareas relacionadas con ese proyecto van aquí.

Ahí va una buena idea: Prepare su lista cada viernes y póngala al día durante la semana. Sus prioridades estarán siempre a punto cuando usted lo esté.

Prioridades tácticas. Cómo gestionar múltiples tareas «inevitables»

Cómo fijar prácticas óptimas y prioridades realistas

Un ejecutivo me dijo: «Me limito a averiguar cuáles son las prioridades y las resuelvo». Bien hecho. Pero a veces averiguar esas prioridades no resulta una tarea tan fácil. ¿Por dónde empezamos? La respuesta es que tiene que establecer la posición de esas prioridades cada día. Una manera de empezar es organizar su lista de «cosas por hacer» según la tabla de la página 189.

Muchos ejecutivos siguen este método en tres partes para mantener el control de las «tareas imperativas».

1. **Mantenga su lista de prioridades en estado de alerta.** Cuando el trabajo agobia de verdad, las listas de prioridades tienden a perderse en su mesa. Esto puede provocar estragos. Si sigue alguno de los siguientes consejos, le será más fácil localizar sus prioridades al primer vistazo.
   - Coloque su lista de prioridades o su PDA en un lugar fijo encima de la mesa o métala dentro de su agenda, para que siempre sepa dónde está.
   - Use un papel de un color distintivo que siempre se verá, independientemente de lo grande que sea, el montón que haya en su mesa.
   - Adhiera una pegatina amarilla de prioridad en el monitor de su PC o pegue la lista en la librería o la pared detrás del PC.
   - Destaque sus prioridades con estrellas o en rojo, lo que más le llame la atención.

2. **Delegue, delegue y delegue.** Prácticamente todos los ejecutivos de alto nivel han convertido el instinto de

delegar en un arte. Es algo tan básico como respirar. Su *mantra* es: *Si otro puede encargarse de una tarea o responsabilidad o se le puede preparar para hacerlo, entonces, por definición, esa tarea debe ser delegada.*

Beth Hanson, directora de relaciones con el cliente de Forum Financial Group, de Portland, Maine, se mantiene al día en su trabajo preguntándose continuamente: «¿Esta tarea es mi forma de emplearme mejor y al más alto nivel?» Si la respuesta es negativa, se la pasa a uno de sus subordinados. (Si no tiene usted subordinados, vea la sección sobre delegar en el capítulo catorce, página 274, que describe cómo delegar cuando no se cuenta con nadie en quien hacerlo.)

3. **¿Cuándo hace qué? Déjese guiar por su momento estelar.** Una hora diaria tranquila, cuando esté en su mejor momento para trabajar exclusivamente en las máximas prioridades es absolutamente ESENCIAL para mantener el control de lo que más importa. Vaya al capítulo ocho para ver técnicas útiles para reivindicar su tiempo prioritario. Asigne una prioridad número uno a su hora prioritaria. Distribuya las prioridades medias, o número dos, a lo largo del día y guarde las tareas número tres para el momento del día en que esté hecho polvo... para la mayoría, a última hora de la tarde.

ORGANICE SU LISTA DE COSAS POR HACER PARA QUE REFLEJE LA INTENSIDAD DE LAS PRIORIDADES

Para decidir qué es importante, organice su lista diaria según la intensidad de sus prioridades:

1. Máxima prioridad	Cosas que hacer con un límite temporal, tareas que exigen su máxima capacidad, tareas desagradables o de mucha tensión.
2. Prioridades	Tareas del día, de nivel medio, medias.
3. Prioridades de	TRAF básico, infraestructura, ponerse al día en llamadas, lecturas, etc.
Prioridades con beneficios altos	Tareas en las que el resultado es incierto, pero que, de tener éxito, pueden significar un avance profesional importante. Quizá sea usted un contable que desea ser más conocido en su campo. Publicar un trabajo en una publicación del sector podría potenciar su prestigio profesional. Ésa es una prioridad que puede rendir unos beneficios altos. Por ello, trate de realizar una tarea prioritaria —o parte de una tarea— con beneficios altos, por ejemplo, escribir el bosquejo de su artículo, por lo menos dos veces a la semana. Si es preciso, fije una cita consigo mismo y anótela en su agenda.
Prioridades negativas	Tareas que tendrán consecuencias negativas, si no se llevan a cabo. Por ejemplo, si no devuelve la llamada de un cliente fundamental, aunque no sea, en sí misma, especialmente importante, el cliente puede enfadarse, lo cual podría llevar a una relación que se dirige hacia un terreno negativo.

Urgente frente a importante

La distinción, de la que todos somos conscientes, entre «urgente» e «importante» —trazada por vez primera por R. Alec Mackenzie en su obra clásica de 1972, *Cómo aprovechar el tiempo al máximo*y, más tarde, por Stephen R. Covey, en *Los 7 hábitos de la gente altamente efectiva*— es extremadamente valiosa para distinguir las tareas que claman atención de aquellas otras menos clamorosas.

Sí, sin duda, tiene que preparar esa presentación para el cliente para el próximo jueves, pero también es importante, aunque menos llamativo, cerciorarse de que usted y todo el equipo están de acuerdo en el desarrollo básico de la presentación. Discutir delante del cliente es poco profesional y puede tener consecuencias desastrosas.

NO EVITE LAS PRIORIDADES MOLESTAS

James Morris, presidente y director general de Signator, dijo que quizás el mensaje más importante relativo a las prioridades es: «No priorice la jornada basándose en lo que le resulta más fácil y menos molesto. Tiene que asignar prioridades según la importancia de la tarea... Tiene que ocuparse de esas cosas críticas que "es preciso hacer".

»Demasiadas personas establecen sus prioridades de acuerdo a su umbral de incomodidad y se ocupan de cosas inferiores en la escala de importancia. Por ejemplo, les costará devolver la llamada de un agente/concesionario que no está contento con ellas.»

Once maneras de decir no a las prioridades de otras personas sin que se enfaden

Casi siempre hay muchas más actividades encima de la mesa que tiempo disponible para llevarlas a cabo. Así pues, una habilidad clave para centrarse en las tareas y proyectos que mejor ponen de relieve sus puntos fuertes y le proporcionan el máximo rendimiento al tiempo invertido es ejercer juiciosamente la opción «no». Desarrollar esta costumbre le proporcionará el tiempo que necesita para ocuparse de sus prioridades y conservar una energía valiosa.

Una cosa que comprenderá muy pronto es que sus compañeros aprecian un «no» mucho más de lo que usted podría pensar. Como dijo un director de ventas de una importante editorial: «Un "no" es una respuesta. Gracias por su claridad». La indecisión es algo terrible en una empresa. Dar una respuesta clara y directa, en el momento oportuno, redunda en beneficio de todos.

Laurel Cutler dijo cuando era vicepresidenta de la agencia publicitaria FCB/Leber Katz: «El camino de mi vida y de mi carrera ha sido aprender a decir "no". Puede que tomar lecciones para decir "no" sea la auténtica clave de la gestión del tiempo».

Veamos unas cuantas maneras de «llegar al no»:

SIGA EL CAMINO DIRECTO

- *Sencillamente, diga: «Voy a tener que decir que no».* Una negativa sencilla y directa le ahorrará a usted —y también a sus compañeros— un montón de tiempo y energía. Añada: «Tengo otros compromisos que me lo impiden» o «Lo siento, me he prometido centrarme en mis tres principales proyectos este mes».
- *Introduzca el «no» entre dos frases afirmativas.* Por ejemplo: «Admiro lo que está haciendo. No puedo ayudarle, pero le deseo lo mejor».

PRUEBE A DECIR «NO» SIN USAR ESA PALABRA

- *Sustitúyala por «sin embargo».* «Valoro su idea; sin embargo, el tiempo extra que exigiría haría que nos saliéramos del presupuesto».
- *Explique qué actividades tendría que dejar para satisfacer la petición.* «Me gustaría ayudar a preparar la conferencia, pero tendría que cancelar la reunión con un nuevo cliente de Denver.»

SÁLGASE POR LA TANGENTE

- *Diga: «Déjeme que lo consulte con mi director».* Vuelva más tarde y diga: «Tiene un proyecto prioritario que tiene que pasar delante de todo».

PROPONGA UNA ALTERNATIVA

- «*Yo no puedo hacerlo,* pero puede hablar con Marion. Es una verdadera experta en el tema.»
- *Reduzca el nivel de compromiso.* «No puedo ayudarle a escribir el discurso, pero estaré encantado de escucharlo y decirle qué me parece.»
- *Posponga.* «Si mi actual trabajo avanza rápidamente, tal vez pueda echarle una mano. Venga a verme el próximo miércoles.»

CÓMO MANEJAR AL JEFE

- *Cuando su jefe le pide que se encargue de más trabajo*, enséñele todos los proyectos que tiene entre manos y pregúntele cuál es prioritario.
- *Si tiene un importante compromiso* una noche y le piden, de improviso, que se quede hasta tarde ofrezca la alternativa de ir a trabajar más temprano al día siguiente para hacer la tarea en cuestión.

CÓMO UN DIRECTOR ESTRESADO INVENTÓ UN SISTEMA DE PRIORIDADES VIABLE

«Nunca he sido muy bueno fijando prioridades», dice Tim Chamberlain, socio gerente de Beverly Interiors, una empresa de diseño de interiores con un volumen de negocio de un millón de dólares y sede en Dallas. Cuando, de la noche a la mañana, la empresa despegó, «Tuve que cambiar para que la empresa no se hundiera».

Chamberlain pasaba mucho tiempo anotando todo lo que tenía que hacer durante el día, lo cual significaba que la mayoría de mañanas se encontraba con una lista de siete páginas de cosas por hacer, pendientes del día anterior. Incluso hacía frenéticas llamadas telefónicas durante la cena. «Trabajaba las veinticuatro horas del día. Probé todos los tipos de agenda y ninguna me funcionó —dijo—. Me sentía agotado. No tenía un tiempo de descanso con los amigos ni para mi vida personal.»

Así pues, hace ya unos años, Chamberlain ideó su propio sistema.

El ingenioso sistema de prioridades mediante *post-its* de Tim Chamberlain

- *Céntrese en las prioridades.* Chamberlain anota dos misiones —una profesional y otra personal— para aclarar qué es lo importante. Revisa esas declaraciones periódicamente y lleva las dos encima cada día. En parte, sus misiones afirman:

  «Mi meta es ofrecer un nivel de servicio extraordinario a mis clientes, mantener relaciones significativas con mis amigos y aportar algo importante a la comunidad tanto en tiempo como en recursos.»
- *Fíjese una agenda semanal.* A Chamberlain fijar un programa semanal le ofrece un panorama más amplio y, así, puede comprender mejor qué tiene que hacer. «Conocer mis prioridades hace que me resulte más fácil decir "no" cuando tengo que hacerlo.»

- *Ejecute sus prioridades*. Chamberlain usa una lista de cosas por hacer flexible y con códigos de color, basada en sus clientes y organizada según su calendario.

Escribe todas las tareas o plazos en un *post-it* individual y lo pega en un calendario semanal que puede poner encima de la mesa y llevar en el maletín. Los *post-it* están coordinados por colores, iguales que el de la carpeta, también codificada por color, de cada cliente, de forma que sabe rápidamente qué asuntos necesitan atención en un día dado.

En lugar de tachar y volver a escribir su lista de cosas por hacer, Chamberlain se limita a trasladar sus *post-it*. «No tiene un aspecto tan abrumador —explica—. Además, es más flexible.» (Your Company-Forecast 1997).

Más consejos sabios de los ejecutivos para ocuparse de las prioridades

Este resumen de datos ofrecidos por los ejecutivos para ocuparse de las prioridades es el resultado de sus años de experiencia.

Dé a su día un enfoque definido. Joy Soto Kocar, de California, autor de textos técnicos, dice en *The HP Palmtop Paper*: «Antes incluso de poner en marcha el ordenador, reviso mi lista de cosas por hacer y me hago estas dos preguntas: ¿Cuáles son las dos cosas más *importantes* que tengo que hacer hoy? ¿Y qué cosas son las que me ayudarán a *despejar la cubierta* para tener un buen día, por ejemplo, vaciar mi lista de llamadas? Hacerme estas dos preguntas al empezar la jornada me ayuda a centrarme en las prioridades importantes y consigo así que mi tiempo me rinda más».

Un director de una importante firma de Estados Unidos, siempre apurado de tiempo, no deja de añadir notas a su lista de cosas pendientes; llamadas por hacer, notas por escribir, ideas que es preciso ampliar. Al final de cada día de trabajo, dicta la lista a su secretaria, con la especificación de plazos de cumplimiento y el orden de prioridad. Ella mecanografía la lista de prioridades y la deja encima de su mesa cada mañana. Las tareas a más largo plazo son anotadas en un fichero de recordatorio y luego se pasan a la lista de cosas por hacer del día que corresponda.

Ésta es otra idea de los ejecutivos. Anote una lista de sus prioridades y objetivos en una tarjeta de tamaño bolsillo para contar con un recordatorio cómodo e instantáneo de lo que es más importante para usted. Cuando alguien le pida que le dedique un tiempo, consulte la tarjeta y pregúntese: «¿Esta reunión favorecerá alguno de mis objetivos?»

Compagine sus prioridades con las de su director. No entre nunca en pugna con su director. Es una receta infalible para andar en círculos y acabar frustrado. En palabras de un ejecutivo: «He convertido en costumbre reunirme con mi director una vez al trimestre para contrastar lo que yo pensaba que eran mis prioridades con su idea de mis prioridades».

La lista de cosas que no hay que hacer. Potencie su capacidad para centrarse en lo prioritario creando una lista de «cosas para no hacer». ¿En qué no debería estar perdiendo el tiempo?

Mary Rudie Barneby, de UBS Financial Services, Inc. dice: «Me he hecho experta en lo que no tengo que hacer y, en mi opinión, ése ha sido el secreto de mi éxito».

Como aconseja la consultora Sandra Kresch: «Si centra su atención en las cinco cosas que debe hacer, sin excusas, ante las quince en las que no tiene forzosamente que concentrarse, creo que tendrá más probabilidades de conseguir hacer su trabajo».

Cuándo es preciso dejar que las prioridades cambien

Nada molesta tanto como que unas prioridades ya establecidas caigan patas arriba. Por ejemplo, cuando llega a la oficina con su plan de acción preparado para ponerlo en práctica y sus prioridades del día establecidas y se encuentra con que su director le dice que lo deje todo, que el jefe necesita un informe antes de las tres.

Es penoso, de verdad. Y por si esto fuera poco, sus anteriores prioridades no suelen desaparecer cuando surgen las nuevas; son sólo nuevas prioridades encima de las viejas. Sin embargo, tener que cambiar de prioridad es algo inherente al trabajo. Como las circunstancias cambian, hay que cambiar con ellas. Así pues, ¿cómo enfrentarse a esa inevitable frustración cuando se produce?

Aquí es donde los ejecutivos de alto nivel tienen mucho que enseñarnos, porque parece que estar en lo más alto conlleva una actitud de flexibilidad y aceptación del cambio.

Primero y muy importante: compagine sus prioridades con las de su director. Nada de elevar los ojos al cielo, nada de palabrotas. Consulte con él o ella para decidir cuál es la mejor manera de abordar las tareas que se van a dejar de lado. ¿Pueden retrasarse o pasarse a otra persona? ¿O hay que coger el toro por los cuernos y hacerlo todo?

Aquí la prioridad es establecer una relación de consulta para apoyar a su director y, por lo tanto, respaldar a su equipo.

En segundo lugar, trate de prever los cambios de prioridades por parte de su director. Cerciórese de tener un contacto semanal con su jefe, aunque sólo sea un par de apresurados minutos, para preguntar: «¿Hay algo en perspectiva de lo que tengamos que hablar?» Es probable que la pregunta suscite una información que, de lo contrario, su jefe podría olvidar y que le obligaría a un cambio de planes en el futuro.

Piense también en la sistemática revisión semanal que Donald Guinn, mucho antes de convertirse en jefe de Pacific Telesis, llevaba a cabo cada semana, según un artículo aparecido en *Fortune* en 1988. Cultivó la costumbre de revisar, los domingos por la noche, todo lo que había hecho la semana anterior. Antes de dejar de lado las actividades de esa semana, Guinn se preguntaba: «¿Por qué he hecho todas esas cosas?»

Las respuestas y las ideas resultantes solían llevar a cambios en sus prioridades y en la manera en que organizaba el tiempo. Como decía Guinn: «No tiene sentido tratar de administrar el tiempo a menos que estés dispuesto a cambiar el uso que haces de él».

Así que siga el ejemplo de Guinn y procure anticiparse preguntándose, por lo menos una vez a la semana: «¿Ha pasado algo en esta última semana que podría hacer que mis prioridades cambiaran?» Como señaló Karen Horn, directora gerente de Marsh Private Client Services, una filial de Marsh & MacLennan, cuando se aprobó una ley en el Congreso que cambiaba unas normas bancarias que llevaban largo tiempo vigentes: «No cabe duda de que necesitamos dedicar una cantidad importante de tiempo a pensar en las repercusiones para nuestro sector y nuestra organización».

Ponga a prueba los vientos del cambio. Considere las repercusiones que los cambios previstos o reales pueden tener tanto para su vida laboral inmediata como para su futuro. Por ejemplo, digamos que su empresa ha anunciado una política de recortes. No habrá despidos inmediatos, pero conforme los empleados asciendan o se vayan los recursos de personal disminuirán. Una tarea prioritaria es hacer planes para esa eventualidad ahora mismo.

Por otro lado, con una actitud muy positiva, Faye Davis, vicepresidenta corporativa de instalaciones en Sprint, señala muy acertadamente que es preciso volver a pensar en nuestras prioridades cuando pasamos a otros puestos: «Cuando alguien pasa al siguiente nivel, tiene que concebir de nuevo su trabajo. Tiene que preguntar a su jefe o a un compañero: "¿Cuáles son ahora las prioridades (en términos de dedicación del recurso tiempo)? ¿Qué ve diferente en este puesto?"»

Y añade: «Reconozca que hay un cambio de responsabilidad en el nuevo puesto y busque consejo. Cuando lo promocionan a un nuevo cargo (tiene que tener una perspectiva diferente de sus responsabilidades). De lo contrario, *usted mismo* no se ha promocionado». Y recuerde que cuando consigue un nuevo puesto o un ascenso, todos esperan que pregunte cosas básicas y generales. Es fácil durante los primeros seis meses, más o menos, pero se hace más difícil conforme pasa el tiempo y los demás esperan que ya sepa lo que está haciendo.

EL EFECTO MULTIPLICADOR DE LA REALIZACIÓN DE LAS TAREAS PRIORITARIAS

Completar con éxito un cierto número de tareas —pequeñas y grandes— cada día, cada semana y cada mes tiene un beneficio psicológico tangible. Uno se siente mejor porque ha realizado algo y esa reacción positiva le permite trabajar más y mejor y de forma más económica. Es un ciclo de logros y recompensas que se alimenta a sí mismo y que ofrece enormes beneficios psicológicos y profesionales.

Durante mis estudios de las técnicas de organización y gestión del tiempo de los altos cargos, descubrí que extraen todos los gramos de valor posibles de esas valiosas prioridades. Al mismo tiempo, descubrí que, al igual que sucede con las interrupciones, de las que hablaremos en el capítulo trece, cuando se trata de prioridades estratégicas, los ejecutivos de alto nivel se rigen por un proceso mental más complejo.

En la siguiente sección de este capítulo, procuraré explicar claramente los sistemas que utilizan, para que usted pueda usarlos en el grado que le parezca oportuno en este estado de su carrera. Como verá enseguida, esta cuestión de la gestión de las prioridades *estratégicas* tiene que ver con aquéllas que en última instancia pueden decidir la suerte de una carrera o una empresa.

Prioridades estratégicas. Centrarse en lo correcto

Al principio de este capítulo preguntaba: «¿La manera en que emplea el tiempo refleja sus prioridades?» Luego centramos nuestra atención en las prácticas óptimas para llevar a término sus prioridades tácticas. Ahora volvamos a las prioridades estratégicas... más afines al mapa de carreteras que le encaminan en la buena dirección. Aunque más abstractas y subliminales, son esenciales para garantizar que su barco mantenga el rumbo preciso.

Un ejecutivo de alto nivel observó: «La mayoría de directores se sienten abrumados por las minucias de su trabajo. No pueden ver el panorama completo. Por lo tanto, no administran el tiempo porque no se centran en los asuntos clave».

Pero ¿cuáles son los asuntos clave? Allá en los ochenta, cuando Donald Guinn dirigía Pacific Telesis, distinguía dos dimensiones en la gestión del tiempo: «táctica» y «estratégica».

«Puedes participar en reuniones eficaces y, por lo tanto, hacer un buen uso táctico de tu tiempo —decía Guinn—, pero para empezar ¿tendrías que haber asistido a esa reunión? ¿Tendría que haberse celebrado la reunión? Es entonces cuando ese uso se convierte en estratégico.»

Con frecuencia, la distinción entre prioridades tácticas y prioridades estratégicas no es del todo evidente porque, tal vez, no haya estructurado sus objetivos globales en términos concretos. Por ello, en esta sección del capítulo destaco tres tipos básicos de prioridades «direccionales» que los directores generales utilizan para alcanzar sus metas a largo plazo y aporto ejemplos ofrecidos por destacados ejecutivos.

Luego pasaremos a planteamientos prácticos basados en estos conceptos para ayudarle a determinar sus propias prioridades estratégicas.

Las tres prioridades «direccionales»

Los ejecutivos orientan su conducta y regulan su tiempo siguiendo unos principios rectores generales que han definido como críticos. Hay tres prioridades direccionales primarias:

Compensación directa.
Programas de trabajo clave.
Impulsadas por objetivos.

LA PRIORIDAD DE «COMPENSACIÓN DIRECTA»

Jack Gallaway y Gerry Roche señalaron que sus prioridades guardan una relación directa con los beneficios... es decir, el corazón de la empresa. Según dijo Gallaway, actualmente presidente y director de operaciones de Isle of Capri Casinos, cuando era director general del hotel Tropicana de Atlantic City: «El número dos del hotel es el vicepresidente ejecutivo de las operaciones de Casinos. Controla cientos de millones de dólares de ingresos. Mi puerta está abierta en todo momento para él. Abandonaría una reunión si hubiera un problema y él necesitara verme... Teniendo en cuenta lo central o básico de su ámbito de actuación, esa persona o cuestión es una prioridad».

Roche hizo un comentario similar y luego lo remarcó. Dijo: «Tengo una lista de candidatos para puestos de muy alto nivel de los que me ocupo actualmente y esos candidatos son mi producto, un producto por el que facturo al cliente. Ésa es la máxima prioridad. Después, es fantástico hacer cosas agradables. Las llamo NSES: "No sería estupendo si...". Por ejemplo, estar sentado con usted, escribir un libro o, como ocurrió hace poco, navegar con un amigo todo el día... Está bien, siempre que mis compromisos estén bajo control. Pero tengo que estar a la altura de esos compromisos... Vuelvo a evaluar mi tiempo constantemente, para estar seguro de que esos compromisos siguen bajo control. Y si parece que me acerco demasiado a la línea, les pido a mis secretarias que reprogramen o cancelen algunas de las NSES».

NO PIERDA DE VISTA EL PREMIO

Norman Rentrop, director general de la editorial alemana Rentrop Verlag, tiene una ingeniosa forma de estar seguro de que no olvida sus compromisos clave. Pega sus asuntos prioritarios —aumentar las ventas en un veinte por ciento, por ejemplo— en un letrero, en la parte interior de la puerta de su despacho, junto al perchero. Cada mañana, cuando cuelga la chaqueta, ve el letrero y eso lo impulsa a preguntarse: «¿Qué haré hoy para alcanzar este objetivo?»

Estos recordatorios habituales lo mantienen centrado hacia su objetivo e impiden que el ajetreo del trabajo cotidiano lo hagan caer en el olvido.

Gallaway y Roche describieron un poderoso concepto: una especie de estrella polar que ilumina el camino y muestra cómo hay que ordenar las prioridades según lo cerca o lejos que estén del núcleo del negocio. Aunque quizá no sea responsable de la entrada de ingresos, la idea de situar un «concepto básico», con una compensación directa, en primera línea es interesante y poderosa. Para darle una idea de cómo puede emplearla en cualquier nivel, aquí tiene dos ejemplos más de prioridades con compensación directa, uno relacionado con los ingresos y el otro con el objetivo de mejorar la atención a los pacientes.

Campañas de ventas más efectivas por parte del personal. Janet Isenberg, directora de creación de negocio en Find/SVP, con sede en Nueva York, definió como prioridad dedicar una hora al día a volver a escribir el manual de ventas de la empresa. Un proyecto de gran envergadura, que duraría un par de meses.

¿La compensación directa? Unas campañas de ventas más eficaces por parte de su personal, que rendirían nuevos negocios y beneficios.

Mejor atención al cliente. Muchas salas de urgencias empezaban a colapsarse con casos no urgentes que no eran tratados debido a que se atendía a los casos urgentes. Muchas salas de urgencias han creado una «pista rápida» para los casos no urgentes y asignan un médico para que se ocupe sólo de los casos sencillos.

¿La compensación directa? Al separar los pacientes no críticos se redujo su tiempo de espera casi a la mitad, sin retrasar la atención a los casos urgentes y permitiendo que otros miembros del personal de urgencias centraran sus energías en los casos verdaderamente críticos.

Veamos una situación, con la que se identifican la mayoría de directores y que muestra cómo organizar esfuerzos en torno a una prioridad estratégica basada en la compensación directa: en un ambiente corporativo de reducción de personal y ahorro es muy probable que la cúpula directiva dé instrucciones para que se reduzcan los gastos generales en un porcentaje determinado, un quince por ciento, por ejemplo.

Su objetivo, en tanto que jefe del servicio al cliente, es evitar cualquier disminución de calidad o productividad y mantener la moral. En consecuencia, partiendo de ese quince por ciento como prioridad estratégica, su tarea en la práctica se convierte en dedicar un quince por ciento de su tiempo, durante los próximos tres meses, a idear sistemas que le permitan reducir los costes laborales, pero manteniendo el servicio al cliente veinticuatro horas al día, los siete días de la semana; tal vez con un plan flexible de trabajo compartido, o creando un programa de sesiones intensas de intercambio de ideas entre su grupo para hacer surgir nuevas ideas.

LA PRIORIDAD DEL «PROGRAMA DE TRABAJO CLAVE»

La noción de las prioridades basadas en uno, dos o tres programas de trabajo o temas dominantes nos lleva directamente al terreno de los directores generales y ejecutivos con un éxito extraordinario. Un programa de trabajo clave es un tema, una idea poderosa, parte del sistema de creencias personal del ejecutivo que informa, y en muchos sentidos domina, su distribución del tiempo a lo largo del día, la semana y el año.

Veamos un ejemplo: el jefe de policía de Los Ángeles, Bill Bratton, anteriormente «superpolicía» de Nueva York, vive según un lema básico que orienta e informa su opinión acerca de cuál es, en realidad, su trabajo: «Reducir el desorden y el miedo».

Identifique un objetivo básico con una compensación directa, como aumentar los ingresos o maximizar las campañas de ventas. Esto puede servirle como punto de partida desde el cual ordenar las tareas prioritarias diarias o semanales. A continuación, pruebe una de estas tácticas:

- *Tiempo «consagrado».* Elija cinco horas a lo largo de la semana —anótelas en su agenda— para ocuparse de un objetivo esencial.

- *Pase a la pista del personal.* Pida a un empleado que reorganice las carpetas de proyecto confusas o que se ocupe de leer cosas atrasadas y destacar los puntos importantes.

Usted nunca «tiene tiempo». Comprometer recursos a completar tareas de compensación directa es la única manera de alcanzar su objetivo.

Puede que suene vago, pero parte del arte de los ejecutivos de alto nivel proviene de la capacidad de trasladar una idea de gobierno convincente a las prioridades personales diarias.

Por ejemplo, cuando Bratton era comisario de la policía de Nueva York, bajo Rudy Giuliani y trabajando según su programa clave, pasaba una enorme cantidad de tiempo supervisando el desarrollo de COMPSTAT, un sistema estadístico a tiempo real, sofisticado y de base informática, que registraba cada día todos los crímenes cometidos en la ciudad de Nueva York.

Con el COMPSTAT se podían identificar al instante todos los «puntos candentes» y aparecían en el sistema los distritos policiales vulnerables; todo podía determinarse al momento y tomar medidas correctivas. Muchas personas atribuyeron parte de la espectacular caída del índice de delincuencia a la posibilidad de «responder de manera instantánea» que el COMPSTAT facilitaba.

Para Bratton, esta capacidad de respuesta instantánea y la idea de que la policía debía rendir cuentas de su eficacia día a día fueron elementos clave para reducir los desórdenes y el miedo. Así que el COMPSTAT ocupa el lugar de honor entre las prioridades personales esenciales de Bill Bratton.

El ejemplo de Bratton demuestra que contar con un programa clave puede tener un enorme efecto en la forma en que se administra el tiempo.

John Tepper Marlin, economista jefe de la oficina de Hacienda de la ciudad de Nueva York, me dijo que encontraba la agenda de Bratton, con su reducción de los desórdenes y el miedo, una idea enormemente poderosa. Tepper Marlin dijo que después de recabar información sobre ella, creó un programa clave en su propio territorio. Opina que es un motivador y una poderosa guía para sus prioridades, sobre una amplia base diaria.

Veamos algunos ejemplos más, ofrecidos por Jack Welch, Lee Iacocca y otros ejecutivos, de prioridades personales estructuradas por una idea básica, junto con ideas sobre cómo puede usar su ejemplo como trampolín para crear su propio programa clave.

PROGRAMA DE PRIORIDADES DE VERNA GIBSON. TRATE DE QUE TODO EL MUNDO SE CENTRE BÁSICAMENTE EN LO MÁS IMPORTANTE QUE HAY POR HACER

Primero, observe las oportunidades: ¿qué es lo más esencial?

Después, ponga los motores en marcha: los recursos necesarios para conseguirlo.

Finalmente, instaure las disciplinas necesarias para conseguirlo.

Cultivar a las personas. Jack Welch pasaba más del 50 por ciento de su tiempo detectando ejecutivos con talento y dándoles misiones que aumentaran su capacidad. Dedicaba tiempo cada mes al Centro de Formación para la Gestión de GE en Crotonville, Nueva York, por esa misma razón.

Digamos que una de sus tareas consiste en «cultivar buenas personas». Está trabajando en un informe que evalúa el efecto de las fluctuaciones internacionales de divisas en el mercado asiático de su división y le pide a uno de sus compañeros, que ha pasado un tiempo trabajando para un banco en Indonesia, que le ayude a encontrar ideas sobre ese tema. Esto no sólo podría resultarle útil, sino que además ampliaría sus conocimientos sobre la fluctuación de divisas. Y si su compañero y usted trabajan bien juntos, quizá podrán recurrir el uno al otro en el futuro.

No todas las actividades proporcionarán una compensación tan inmediata, pero el efecto multiplicador de aplicar, con frecuencia, su programa clave a las actividades de cada día es real. Recuerde lo que averiguamos en el capítulo nueve sobre deambular por los vestíbulos, entregar en mano el correo interior y crear oportunidades para tener contactos informales y espontáneos con los demás. Se trata de un sello distintivo en la estrategia de los líderes de alto nivel de las empresas de Estados Unidos.

Influir en los demás y transmitirles mensajes. Lee Iacocca decidió que debía asistir cada año a la feria de los concesionarios de automóviles, aunque tuviera otros asuntos urgentes, para definir la relación con los concesionarios como algo prioritario.

Si un programa clave influye en otros y les transmite mensajes, veamos cómo eso puede traducirse en actos: cuando las quejas de los clientes aumentan bruscamente, decide presentarse en la reunión mensual del servicio al cliente, algo que por lo general no hace. Su mera presencia señala que le interesa lo que el grupo está haciendo para corregir el problema y que es vital llegar al fondo del asunto.

Crear una «filosofía de las relaciones». Para Brian Kurtz, vicepresidente ejecutivo de Boardroom, Inc., la red de comunicación es, en sí misma, una prioridad. En palabras de Kurtz: «Cada llamada que llega a mi teléfono es devuelta, generalmente por mí. Incluso devolvemos las llamadas de ventas. Hay un mensaje claro para el que llama que le dice que se valora su gesto».

Para Kurtz, ser atento en las respuestas tiene una relación directa con una actitud que expresa que se valora y se considera a los demás en un contexto que podría abrir nuevas relaciones y oportunidades de negocio.

Si cultiva una «filosofía de las relaciones», podría empezar por buscar oportunidades para participar en las asociaciones del sector. Otra salida es presentarse voluntario para actividades que sean útiles para la comunidad e iniciar una red de relaciones —quizá con ejecutivos de su empresa— a través de trabajos de voluntariado compartidos.

Maximizar el poder de su fuerza de ventas. En la sección de las prioridades de compensación directa veíamos cómo Janet Isenberg quería crear un nuevo manual de ventas para sus vendedores.

Esta tarea prioritaria era, probablemente, fruto de una prioridad de «programa de trabajo clave», la de maximizar el poder de su fuerza de ventas.

Cuando el nuevo manual esté acabado, una nueva tarea podría ser invertir en formación: ponerse al día en cuanto a tecnología para reducir el tiempo de respuesta y establecer un grupo de estudio, con reuniones mensuales para discutir y poner en práctica ideas de clásicos de las ventas.

Como puede ver, una prioridad de «programa de clave» puede galvanizar la motivación para realizar gran cantidad de proyectos que le ayudarán a alcanzar sus objetivos.

LAS PRIORIDADES «ORIENTADAS A LOS OBJETIVOS»

Esta categoría tiende a ser muy específica, mensurable y, con frecuencia, sensible al tiempo. Casi todos los directores, de todos los niveles, tienen una prioridad que encaja en esos criterios.

El cuadrante de prioridades

HAY PRIORIDADES EN CUATRO SABORES.
CLASIFIQUE LAS PRIORIDADES ACTUALES EN SU LISTA DE COSAS POR HACER COLOCANDO CADA UNA EN UNO DE LOS CUADRANTES

BASADAS EN LA TAREA	BASADAS EN EL TEMA
Cuadrante 1 «Cosas por hacer», a menudo con fechas límite	*Cuadrante 3* Prioridades «claves de agenda»
EJEMPLO: Informe que hay que entregar el jueves.	EJEMPLOS: Cultivar y potenciar al personal, maximizar la capacidad de la fuerza de ventas, influir.
Mi lista: 1.	Mi lista: 1.
2.	2.
3.	3.
Cuadrante 2 Prioridades con compensación directa.	*Cuadrante 4* Prioridades impulsadas por los objetivos.
EJEMPLO: Tarea o empleo del tiempo directamente relacionados con los ingresos u otros vectores de negocio específicos.	EJEMPLOS: Consolidar operaciones, reducir gastos generales.
Mi lista: 1.	Mi lista: 1.
2.	2.
3.	3.

Por ejemplo, cuando Carly Fiorina se convirtió en directora general de Hewlett-Packard en 1999, sus dos objetivos prioritarios eran consolidar las operaciones y consolidar los tratos con los cien clientes más importantes de HP, para que fueran atendidos por un único grupo. Para lograr lo primero, Fiorina redujo las anteriores 83 empresas de HP a sólo 12: Grupos de «primera línea» cuyo objetivo eran las actividades relacionadas con los clientes tales como marketing y ventas y grupos «de retaguardia», que se ocupaban de las actividades internas, como producir componentes para ordenadores e impresoras. Para alcanzar el segundo objetivo, Fiorina apodó a Ann Livermore, quien organizaba la consolidación, «Ann Amazon, mujer guerrera» y le encargó que celebrara el amplio acuerdo «en toda la compañía» que Livermore había alcanzado con Amazon.com.

La diferencia entre prioridades impulsadas por los objetivos y los programas clave es que las primeras suelen tener como meta un resultado específico y luego terminan, salvo por revisiones periódicas, mientras que los programas clave pueden continuar influyendo en la elección de prioridades durante años o, como en el caso de Jack Welch, durante toda una carrera.

En su trabajo quizá no tenga unas metas a largo plazo tan complejas y sofisticadas, pero considere la posibilidad de adaptar estos métodos a la búsqueda de oportunidades para aplicar su espíritu de concentración y fijar prioridades a su propio trabajo.

Para actualizar los programas y objetivos de los cuadrantes tres y cuatro, debe traducirlos en tareas de los cuadrantes uno y dos. Esto puede parecer complicado hasta que comprenda que la idea de las prioridades es un «cruce de caminos».

Un nuevo método para traducir las prioridades en logros

La palabra *prioridades* evoca imágenes de tareas del cuadrante uno. No he visto nunca que se clasificaran las prioridades de esta forma temática. Su decisión de crear su propio programa de prioridades a partir de todas ellas o mantenerse estrictamente dentro del cuadrante uno es más que una elección relativa a la gestión del tiempo. Es una opción profesional válida.

Hay muchas y buenas razones para decidir que su vida laboral se desarrolle dentro del primer cuadrante. Puede que el programa de actividades que le galvaniza no esté relacionado con el trabajo. Trabaja usted con seriedad y a conciencia, pero su corazón está con su familia, con compromisos cívicos o caritativos o con una pasión personal, como navegar o coleccionar antigüedades. Su trabajo es, en gran medida, un medio para financiar el resto de su vida. También puede que le encante lo que hace y no sienta deseos de cambiarlo. Por ejemplo, hay una famosa editora con una importante trayectoria profesional dedicada a buscar grandes libros y trabajar luego en estrecha colaboración con los autores para darles forma y lanzarlos con éxito.

Aunque debido a su trayectoria profesional le han ofrecido muchas veces puestos de dirección, siempre ha rechazado las propuestas, y lo argumenta así: «Mi empresa perdería una buena editora y ganaría una ejecutiva horrible. Por mi parte, ganaría más dinero y sería desgraciada. ¿Qué sentido tiene?»

Por otro lado, si es usted un profesional que busca una «nuevas oportunidades» en su carrera, le interesará averiguar cómo integrar los cuatro cuadrantes de tal manera que generen productividad y mejoren su imagen dentro de la empresa.

Para los que pertenezcan a esta última categoría, imaginen una estructura que lo aúna todo: el «compás de prioridades».

El compás de las prioridades. Cuando las prioridades compiten

¿Cómo saber de qué forma distribuir el tiempo cuando las prioridades entran en conflicto?

Leila, directiva del sector de los seguros, tenía este problema:

«Mi departamento es responsable de "cuidar y alimentar" a nuestros clientes corporativos más importantes. El otro día me invitaron a una reunión para hablar de algunas cuestiones importantes que habían surgido, relacionadas con los clientes. Al mismo tiempo, mi jefe me había asignado la tarea de elaborar un programa de formación mejorado para los empleados encargados del servicio al cliente, esas personas que se encargan realmente de la mayoría de las relaciones con nuestros clientes. Había demasiados asuntos que se enviaban hacia arriba porque al parecer nuestros empleados no sabían cómo resolverlos. Dado que tanto la reunión como el programa de formación eran auténticas prioridades, no podía decidir cuál de las dos representaría un uso mejor de mi tiempo.»

En mi opinión, lo que hacen los ejecutivos de alto nivel, de forma un tanto instintiva, cuando se enfrentan a prioridades en conflicto es organizar sus opciones en torno a un «compás de prioridades» interiorizado.

CÓMO USAR EL COMPÁS COMO GUÍA DE LAS PRIORIDADES

Veamos un sencillo diagrama de un compás de prioridades (no dude en hacer copias para su propio uso).

Le pedí a la ejecutiva de seguros, Leila, que anotara en cada punto cardinal del compás (N,S,E,O) un objetivo amplio o tema prioritario, es decir, sus «instrucciones» (cuadrantes tres y cuatro) y también que escribiera en el centro la misión fundamental de su departamento.

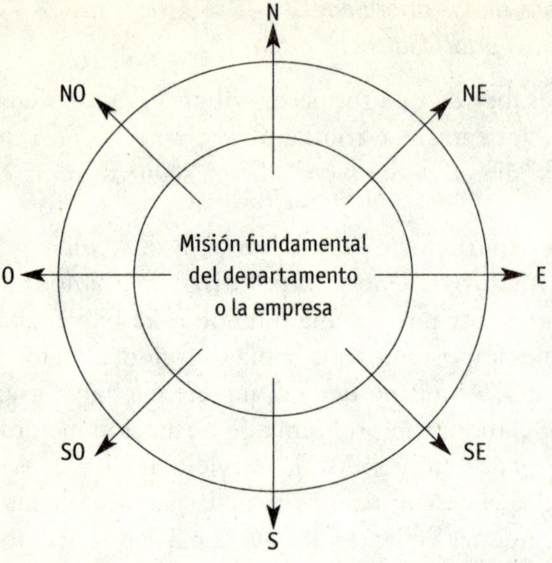

Dijo que la misión fundamental de su departamento era «el máximo servicio al cliente». Dos de sus propios temas prioritarios eran: «Ser un auténtico apoyo para mi director» y «Conseguir un mejor equilibrio entre vida y trabajo» (sus otras dos opciones no son pertinentes en esta discusión).

Con «Apoyar a mi jefe» como uno de los temas principales de Leila, la elección entre la reunión y el programa de formación estaba clara. Seguir adelante con el programa era un respaldo directo para su jefe. Por el contrario, la reunión, aunque importante, no afectaba directamente a ninguna de sus «instrucciones» básicas.

Así pues Leila se hizo la siguiente pregunta —que siempre, siempre, siempre es la primera—: «¿Hay alguien que me pueda ayudar en esto?» Inmediatamente pensó en Neil, su subordinado directo, y le pidió que la representara en la reunión, con el encargo de informarla sobre las decisiones alcanzadas y las «vibraciones» —o talante general— que predominara en la sala.

Esta idea del compás no es fija ni inamovible. Por ejemplo, podría haber factores de diplomacia que desaconsejaran enviar un subordinado a una reunión a la que ella estaba invitada, aunque en este caso no era así.

Pero lo que sí hace el compás es ayudarnos a estructurar y decidir prioridades. A veces, si «Apoyar al jefe» es el Norte y «Estar con la familia» es el Este, se tendrá que ir al Nordeste.

Leila quería llegar pronto a casa el jueves, a tiempo para el partido del campeonato de fútbol de su hija, sin dejar por ello de respaldar a su jefe en el proyecto de formación.

Así que el miércoles se quedó en la ciudad, en casa de una amiga, para poder estar en la oficina a las seis de la mañana del jueves, lo cual le daba tiempo para acabar de preparar el primer borrador del programa de formación, antes de salir de la oficina a las cuatro de la tarde para llegar a tiempo al partido de su hija.

Subir de nivel. El arco de posibilidades de un ejecutivo

¿Y si tuviera una hora más al día?

CÓMO SUBIR LAS APUESTAS INCORPORANDO PROGRAMAS Y OBJETIVOS CLAVE A SU PROPIO PROGRAMA

Para entrar en la mentalidad o actitud de un director general, probablemente con más profundidad que en cualquier otro ejercicio de este libro, y para incrementar su propio valor para la comunidad laboral, examine este ejercicio en su totalidad o en parte:

1. Anote uno, dos o tres (pero no más) temas y objetivos dominantes (al estilo de Bratton, Welch y Fiorina). No vacile en adaptar, con total libertad, uno o más de los temas estudiados en esta sección o elija los suyos. Si no se le ocurre ninguno, pregúntese: «Si tuviera una hora extra, ¿qué haría?»

   Es muy probable que en las primeras tareas que le vengan a la mente se plasme el germen de sus temas. Por ejemplo: «Pondría al día el manual de ventas» cristalizaría poco después en «Maximizaría la capacidad de nuestra fuerza de ventas».
2. Constantemente, por lo menos seis veces al día, piense en maneras de incorporar su tema a sus tareas diarias y a sus prioridades del cuadrante uno. (Si ha elegido más de un tema, altérnelos, ocupándose un día de uno y otro de otro.) Por ejemplo, el hombre de las divisas se preguntó: «¿Quién podría ayudarme en este proyecto?» y consiguió un nuevo y valioso contacto con su compañero.
3. Cuando se haya acostumbrado a conectar sus temas a sus tareas corrientes, podría empezar a introducir poco a poco tareas específicas, relacionadas con un tema, como se describía en relación con el buscador de una red de contactos (página 205).
4. En este punto, podría empezar a elaborar activamente programas relacionados con sus temas, como se describe en la página 207 en relación con «Maximizar la capacidad de la fuerza de ventas».

Llevar a cabo este ejercicio, incluso a pequeña escala, abrirá la puerta a muchas posibilidades nuevas; además, «fijar prioridades» por temas es apasionante.

El simple hecho de ser consciente de esta forma de funcionar, aunque no la elija para sí mismo, sólo puede ampliar sus horizontes.

12

Reuniones que funcionan

Una herramienta de primer orden para los altos cargos

Podemos decir sin temor a equivocarnos que en la actualidad un 99 por ciento de los directores de empresas consideran las reuniones como una colosal pérdida de tiempo. Por lo tanto, parece ilógico entender que las reuniones —definidas en el contexto de este capítulo como acontecimientos programados y organizados, como las reuniones semanales de personal— son un activo para la gestión del tiempo, en lugar de un lastre.

Sospecho que su propia opinión instintiva de las reuniones es que roban un tiempo valioso y, con frecuencia, precioso a su jornada de trabajo, un tiempo que usted necesita para realizar tareas vitales. Sin embargo, al estudiar las costumbres de los directores generales y los ejecutivos que han triunfado brillantemente en la administración del tiempo, he descubierto algunas cosas interesantes sobre el auténtico valor de las reuniones.

Empecé llevando a cabo una votación entre colegas y clientes y les pregunté: «¿Qué es lo que más le hace perder el tiempo?» No me sorprendió que a «las interrupciones» les siguiera «las reuniones»: reuniones aburridas, reuniones excesivas, reuniones demasiado largas. Peter Drucker, el gurú de la gestión, ha llegado a decir que eran «una concesión a una deficiente organización».

Pero aquí tenemos la paradoja: Si plantea esa misma pregunta a los directores generales y ejecutivos de alto nivel de más éxito, recibirá una respuesta sorprendentemente diferente. Ni uno solo de los altos ejecutivos a quienes entrevisté dijo que las reuniones eran *per se* una pérdida de tiempo.

En un artículo publicado en *Fortune* en 1990, Andrew Grove, anterior presidente de Intel, decía que «las reuniones proporcionan la ocasión para actividades de gestión. Las reuniones son el medio esencial del trabajo de gestión. Decir que son la mayor pérdida de tiempo en la empresa es igual que decir que la tela es la mayor pérdida de tiempo para el pintor, porque está de pie frente a ella todo el día».

Me parece que esta diferencia de opinión sobre las reuniones se puede resolver aplicando la idea transmitida por Gaston Caperton, director de College Board, sobre las dos clases básicas de reunión que existen en el mundo de los negocios.

Una clase de reunión está definida de forma bastante estricta. Se trata de la gestión de los planes, de hablar de en qué fase se encuentra la tarea de alguien con relación a lo que dijo que iba a hacer. El otro tipo de reunión tiene una forma más libre. El objeto es elaborar ideas sobre un proyecto, un programa o un plan. En este caso, es una reunión que anima a jugar con las ideas, intercambiarlas y recabar los puntos de vista de todos.

Lo importante es que se necesitan las dos clases. No hay nada malo en celebrar una reunión estrictamente informativa —«tres minutos cada uno, corto y cierro»— siempre que también se ofrezcan oportunidades para el juego de las ideas, tanto si se incorpora a la reunión informativa, por ejemplo, la reunión semanal de personal, como si se hace de forma separada.

Las reuniones son una herramienta de primer orden utilizada por los directivos de alto nivel para alcanzar sus objetivos.

Entonces, ¿qué saben los directores generales sobre las reuniones que nosotros ignoramos? En realidad, los secretos son dos. El primero entraña «arte»: cómo hacer que cualquier reunión sea un acontecimiento genuinamente productivo y garantizar el rendimiento del tiempo invertido por las personas que asisten a ella. El segundo secreto es la reunión destinada a conseguir «valor». Más adelante, en este mismo capítulo, revelaré cómo los ejecutivos enriquecen y profundizan el efecto de sus reuniones sacando lo mejor de los participantes.

Los seis fundamentos del arte de las reuniones

Empecemos por algo en lo que todos los directores y ejecutivos estarán de acuerdo: celebrar una reunión bien dirigida es un arte. Veamos la historia de una reunión que funcionó.

Reuniones semanales y por qué se necesitan

Hace varios años visité a la ejecutiva de una empresa de consultoría que empleaba a dieciséis personas. Me enseñó las oficinas, en una preciosa casa victoriana reformada, cerca del canal de Long Island. Cuando volvimos a su despacho privado, comenté:

—No hacen reuniones semanales del personal, ¿verdad?

—¿Cómo lo ha sabido? —exclamó.

Por mucho que me hubiera gustado alardear de tener poderes mágicos, la verdad es que estaba muy claro. En nuestro corto paseo por las oficinas percibí que demasiadas cosas fallaban tanto por el lado profesional como por el administrativo, y que el nivel de tensión era alto.

Por ejemplo, durante el paseo, la ejecutiva se mostró visiblemente irritada, dos veces, con su personal. En uno de los casos, el empleado no la había informado de un problema técnico surgido en la compra de un equipamiento caro. El otro ocurrió porque ella no se había enterado hasta aquel momento de que los clientes se quejaban de un excesivo retraso en la devolución de llamadas.

De vuelta en su despacho, le expliqué que esas tensiones y la falta de comunicación se producían porque no había un foro o lugar de reunión para intercambiar información de forma sistemática y regular y solucionar problemas. El estilo de comunicación «al pasar», vigente en la organización, no satisfacía sus necesidades.

Al igual que muchos directores, aquella ejecutiva había cometido el error de dar por sentado que las reuniones semanales regulares eran una pérdida de tiempo. ¿Cómo podríamos encajarlas? Todo el mundo anda tan ocupado...

Una vez establecida la conexión entre la irritación producida por la falta de comunicación y la inexistencia de reuniones regulares cara a cara, la ejecutiva las instituyó de inmediato, la primera para la semana siguiente. Como las reuniones tenían que hacerse antes de que empezara la jornada laboral, lo cual significaba que todos tenían que empezar muy temprano, la directora suavizó aquella actividad tan temprana y obligatoria enviando una nota por adelantado donde se hacían constar los objetivos, el propósito y la estructura de la reunión. También le dio calidez haciendo traer café y donuts y animando a los participantes a aportar ideas sobre la forma y el formato de la propia reunión, para que estuvieran seguros de que se utilizaba con provecho su tiempo.

DIFERENTES ESTILOS DE REUNIÓN

Kent Crawford, director general de PM Solutions, en Havertown, Pensilvania, celebra su reunión semanal de estado mayor por teleconferencia, los viernes a las siete y media de la mañana. La reunión con sus once directores y vicepresidentes, que están diseminados por todo el país, suele durar algo más de una hora.

Crawford centra la reunión en asegurarse de que todo el mundo sabe qué está pasando y en crear un «foro» para que los ejecutivos puedan recoger las opiniones de los demás y ayudarse en cosas que necesiten.

* * *

Juliana Rondina, del Departamento de Educación del Estado de Nueva York, señaló que, dado que su tarea principal y la de sus colaboradores era estar en las escuelas, no mantenían reuniones semanales. En consecuencia, ella y su grupo de trabajo celebran una reunión mensual de todo un día, y al mes siguiente celebran una reunión de toda la división.

* * *

Andrew Grove dice, en un artículo de *Fortune* publicado en 1990, que las reuniones programadas de forma regular con los subordinados son un ahorro de tiempo porque éstos se reservan las preguntas y comentarios de rutina para la sesión semanal y no lo interrumpen con tanta frecuencia.

Cuando el personal vio que todo iba mucho mejor una vez instauradas las reuniones, cesaron todas las quejas. Por ejemplo, en la primera reunión se ideó un sistema para hacer una «selección» de las llamadas de los clientes usando papeles de diferentes colores, para garantizar que las llamadas urgentes fueran devueltas de inmediato y que todas lo fueran antes de veinticuatro horas.

Según Grove, la única diferencia entre reuniones sin sentido y reuniones productivas es la palabra mágica *disciplina*. Por disciplina se refiere a los temas a tratar en una reunión efectiva y a cómo poner todo ello en práctica.

La mayoría de ejecutivos están de acuerdo en que las reuniones productivas tienen en común seis elementos fundamentales:

1. *Un orden del día por escrito*, distribuido por adelantado, a fin de que los participantes sepan qué documentos traer y estén preparados para discutir los temas de que se trate.
2. *Empiece y acabe puntualmente.*
3. *Un liderazgo fuerte* para animar la participación y, al mismo tiempo, impedir que la reunión se disperse.
4. *Nada de cabos sueltos.* Las reuniones se hunden rápidamente si los asuntos planteados se dejan colgando. Cualquier tema que surja tiene que llevar a una acción, aunque esa acción sea posponerlo o descartarlo.
5. *Actas de las reuniones.* Todas las decisiones y nombramientos deben hacerse constar por escrito y ser distribuidas, siempre que sea posible, el mismo día.
6. *Seguimiento.* Es esencial abordar los «asuntos destacados» de una reunión en la siguiente o en otra ocasión apropiada.

De mis entrevistas y estudios he seleccionado una amplia serie de tácticas específicas para hacer realidad estos seis elementos fundamentales.

PREPARAR UN ORDEN DEL DÍA

Una reunión sin orden del día es una receta segura para una pérdida de tiempo importante. El orden del día puede ser algo sin florituras —por ejemplo, las actas de la última reunión semanal de la plana mayor— o (para una reunión trimestral reglamentaria) una carpeta con material, respaldado por una documentación minuciosa.

Andrew Grove dice: «Obligue a los líderes de todas las reuniones a determinar cuáles son los tres o cuatro asuntos que quieren tratar. Haga que apliquen una cierta planificación, quiero decir diez minutos, por lo menos. Y si alguien entra en una reunión con seiscientas (diapositivas), tiene que ser usted lo bastante firme para decir: "Mire, esto es una chorrada. La próxima vez no traiga más de diez o quince y denos tiempo para hablar de lo que presenta"».

Tanto si es informal como compleja, tener un orden del día a mano hace que la reunión empiece con buen pie, ya que garantiza que los participantes sepan qué materiales aportar y estén preparados para discutir los temas que hay sobre la mesa. Veamos dos maneras diferentes de abordar la creación de un orden del día.

Dennis Bass, director adjunto del Center for Science in the Public Interest, con sede en Washington, D. C., tiene un «memorando continuo» en su ordenador. Anota los asuntos que hay que discutir sobre la marcha, en el momento que se le ocurren o cuando otras personas los proponen para su estudio.

Más tarde, Bass saca las cuestiones que hay que discutir en la reunión de *esa* semana. Puede que borre algunos de los asuntos que quedan en su orden del día continuo, porque no tienen valor añadido, mientras que otros se posponen para otra reunión más adelante.

DOS CONSEJOS PRÁCTICOS PARA EL ORDEN DEL DÍA

- Acelere la creación del orden del día aprovechando programas de ordenador como el Outlook de Microsoft, que proporciona un espacio considerable para elaborar puntos o notas de la agenda antes de la reunión.

- Asigne un punto de la agenda a cada participante en forma de problema y propuesta de solución.

La doctora Julie Flagg, directora de una consulta formada por diversos médicos en Middletown, crea agendas para las reuniones semanales de la plana mayor trabajando el terreno por adelantado, sea en persona o por teléfono. Para preparar la reunión del lunes, el jueves o viernes anteriores hablará de manera informal con sus compañeros de un par de asuntos básicos. Así, todo el mundo está al tanto de las ideas que serán presentadas y podrá prepararse debidamente.

CONSEJO PARA UNA REUNIÓN RÁPIDA

Para evitar que los que llegan tarde interrumpan la conversación, ponga una copia del orden del día y de las notas en cada silla.

EMPIECE Y ACABE PUNTUALMENTE

Veamos cómo actúan tres ejecutivos para estar seguros de que sus reuniones empiezan y acaban puntualmente:

- Un ejecutivo de banca de Atlanta recomienda esta táctica en un artículo publicado en *Business 2.0*: «Con mucha educación digo: "Yo estaba aquí a las nueve. Siento que haya llegado usted tarde, pero yo tengo que marcharme a las nueve y media, como estaba previsto". Esto transmite el mensaje y, por lo general, hace que la reunión vaya más rápida».
- Jack Gallaway dice: «Mis empleados saben que si hay una reunión y llegan un minuto tarde, enviaré a mi secretaria a buscarlos».

- Otro ejecutivo, para impedir que la gente llegue tarde, le pide a su secretaria que llame a los asistentes quince minutos antes de la reunión y les diga: "La reunión está a punto de empezar". Se sienta mirando a la puerta, de forma que todos los que lleguen tarde se encontrarán con su mirada cuando entren en la sala (un elemento disuasorio para los que llegan tarde repetidas veces).

Para muchos ejecutivos, acabar a la hora prevista es casi una manía.

- Arthur Levitt, presidente de la SEC (Comisión Nacional del Mercado de Valores) durante el gobierno de Clinton, dice: «Mis reuniones son muy eficientes. Empiezan puntualmente, *al segundo*, porque eso transmite un mensaje. Y cualquiera que acuda a una reunión conmigo sabe *con exactitud* a qué hora terminará, ni un minuto más tarde y, algunas veces, incluso más temprano. Si acabamos en media hora, la reunión se ha terminado. No soporto las reuniones con un final abierto. Las detesto... Sin ninguna duda, las reuniones que yo puedo controlar, están controladas con todo rigor».
- Gary Sutton, empresario y experto en salvamento de empresas, aconseja que cuando se distribuya el orden del día, antes de la reunión, se indique cuánto tiempo se va a dedicar a cada asunto y se ciñan a él.
- El presidente y director general de General Motors, Rick Wagoner, recomienda: «En las reuniones, tenemos una hora para decidir qué vamos a hacer y quién va a hacerlo. Las presentaciones y las preguntas tienen que ser entregadas por adelantado para que podamos centrarnos en lo más importante».
- Jim Morris, de Signator, hace que sus reuniones tengan un ritmo vivo porque tiene unas catorce cada día. Por eso, deja muy claro que le gusta la «versión *Reader's Digest*».

UN LIDERAZGO FUERTE

Una reunión sin timón es la definición misma de la pérdida de tiempo. Sin embargo, dirigir una reunión con eficacia es como atravesar sin daño un campo de minas. Estimular la libre expresión de las ideas, sin dejar que la reunión pierda el rumbo, es un alarde de equilibrio.

Hay diferentes opiniones sobre la cuestión de permitir la libre expresión. Arthur Levitt y Rick Wagoner, en sus comentarios anteriores, insisten con fuerza en controlar estrechamente la duración de la reunión, lo cual exige que los participantes digan lo que tienen que decir rápidamente y se acabó.

En apoyo de esa opinión, Steve Kaye, en *The manager's pocket guide to effective meetings*, recomienda limitar la participación de cada persona a dos minutos. Use un cronómetro para hacer cumplir esa norma si es necesario. Conceda tres minutos de preguntas después de cada orador. Eso hace que el grupo plantee preguntas concisas y específicas.

Para animar a sus empleados a hacer que sus comentarios sean pertinentes y concretos, Rick Cronk, presidente de Dreyer's Grand Ice Cream, pega billetes de veinte dólares en las paredes de la sala de reuniones. Cualquier director que complete su presentación pronto puede coger un billete de la pared al salir.

Pero hay un aspecto negativo en la táctica de la reunión «corta y dulce». Un ejecutivo con el que hablé criticó de forma tajante a su directora, que siempre interrumpía a todos en las reuniones y no estudiaba sus opiniones. Comentó: «Nuestro trabajo es apoyarla para que nos apoye, ofreciéndole el beneficio de nuestra experiencia e ideas. Pero nos corta las piernas para acortar las reuniones. Creo que es un gran error. Y está empezando a notarse. Ha tomado algunas malas decisiones simplemente porque su información era demasiado limitada y hemos padecido algunos reveses innecesarios debido a esas decisiones».

¿Cuál es la solución?

A mi modo de ver, restringir en exceso las oportunidades para el libre juego de las ideas es un error que redundará en su propio perjuicio. Pero la logística de hacer tiempo para ese pensamiento esencialmente creativo varía según las preferencias del director. Podría sopesar la posibilidad de incluir un elemento de aportación o «juego» de ideas en las reuniones semanales habituales. Por otro lado, también puede ser productivo controlar las reuniones semanales, siempre que se dé libre cauce a las ideas, quizás, en reuniones de forma libre una vez al mes.

NADA DE CABOS SUELTOS

Las reuniones pueden irse rápidamente al garete si se plantean temas que luego se dejan colgando. Según informa Dennis Bass: «Si alguien plantea una duda o reserva sobre una línea de conducta durante una reunión, nunca lo dejo así. Le pediré a quien ha intervenido que se reúna con unos cuantos compañeros para solucionar completamente el problema e informar de los resultados en la próxima reunión. Además, lo anotaré en las actas para que no caiga en el olvido».

REPLANTEAR LOS PROBLEMAS HASTA SOLUCIONARLOS

Me intrigaba la insistencia de la doctora Julie Flagg en llegar a una solución de todos los asuntos, en «ponerlos sobre la mesa» una y otra vez hasta que se resolvían, se modificaban o se rechazaban. En cada reunión el equipo pregunta: «¿Cómo va?» respecto a cada iniciativa.

Algunas ideas son «bombas» que hay que soltar, mientras que otras son «para quedárselas».

Por ejemplo, para facilitarle las cosas al departamento de facturación, primero probaron a usar bolígrafos rojos para que los médicos tacharan algunos elementos de sus «superfacturas». Pero cambiar los bolígrafos rojos para las facturas por los negros para las recetas resultaba engorroso y la idea estalló como una bomba. Así que el equipo probó a subrayar, un sistema que demostró ser muy útil.

A mi modo de ver, este método de «poner sobre la mesa una y otra vez» lograba dos cosas: los problemas prácticos se solucionaban y, al mismo tiempo, al crear un foro para discutir y plantear asuntos como el anterior, se iba forjando un *equipo* y se afianzaban vínculos para crear un esfuerzo colaborador y cooperativo.

ACTAS DE LAS REUNIONES Y SEGUIMIENTO

Designe una persona para que anote las decisiones que se tomen, las tareas asignadas y las fechas de vencimiento. Cuando asigna una tarea, Jack Gallaway aplica una estrategia muy hábil: cuando es posible, ordena: «Elija la fecha que quiera y añádale dos semanas». Al elegir las fechas ellos mismos, sus subordinados aceptan la responsabilidad. También saben que una vez que se ha fijado una fecha, el sistema de control de Gallaway es infalible.

Designe una persona para que resuma y distribuya las actas de la reunión. Gaston Caperton toma sus propias notas en una Compaq Tablet y, así, puede distribuirlas de inmediato entre los asistentes.

Asegúrese de que todo el mundo está de acuerdo en informar de sus progresos en la siguiente reunión, con las actas o las notas de la reunión anterior como guías. Puede que esto suene a tontería —ni uno solo de los ejecutivos con quienes hablé soñaría siquiera con descuidar ese aspecto—, pero le sorprendería la cantidad de gente que sí lo hace. Olvidarse de cerrar el lazo es como poner un letrero que diga: «Hemos acordado desperdiciar media hora o más de nuestro tiempo, de forma totalmente inútil y, además, ni siquiera nos hemos divertido».

Un ejecutivo de alto nivel de la William Morris Agency se mantiene al día de las cosas haciendo que todos los departamentos —que incluyen televisión, teatro, cine y una agencia literaria— le envíen las actas de sus reuniones cada semana.

No importa cuáles sean su puesto o sus ambiciones, también puede actuar como un director general en su propio terreno, siguiendo los seis principios fundamentales de las reuniones productivas. Son una guía segura para sacar el máximo partido de cualquier reunión de grupo.

Solucionar problemas que pueden hacer descarrilar la productividad de una reunión

- Irse por las ramas.
- Romper el orden del día, y eso ocurre cuando surge una cuestión legítima, pero inesperada que, de estudiarse en la reunión, hará que pierda el rumbo.
- Usar la reunión como lugar poco apropiado para ventilar conflictos, pavonearse, dedicarse al politiqueo, airear agravios, etcétera.

Veamos algunos medios que usan los ejecutivos de alto nivel para mantener el buen rumbo de las reuniones.

IRSE POR LAS RAMAS

Intercambiar ideas es una cosa, divagar es otra. Durante el día que me convertí en sombra de John Curley, en Gannett, en una reunión a la que asistí con él, cuando parecía que un participante se iba por las ramas, lo interrumpió, tajante: «Pasemos a otra cosa». Otra de las frases preferidas de los ejecutivos es: «Cerremos esto en las próximas diez palabras».

Robert Hemenway, rector de la Universidad de Kansas, suele usar el humor para devolver una reunión al buen camino. Tal vez diga algo así: «¿Sabe? Ésa sería una gran solución para el problema de Oriente Medio, pero no nos sirve de mucho para la clase de primero de la Universidad de Kansas». Todo el mundo se ríe y se recupera el punto de mira.

ROMPER EL ORDEN DEL DÍA

Lo que Robert Hemenway prefiere hacer cuando surge algo imprevisto en una reunión es nombrar un grupo de trabajo, y lo hace así: «Joe, Jane y Jerry pidan la ayuda que necesiten y preparen un informe para discutirlo en la próxima reunión».

PREGUNTAS SENCILLAS PARA LOGRAR QUE LAS REUNIONES SEAN MÁS EFECTIVAS

- «¿Qué propósito tiene la reunión?» Lo que a usted tal vez le parezca obvio, quizá no lo sea para quienes asisten a sus reuniones. Si, por ejemplo, todos creen que las reuniones sólo están pensadas para informar sobre la marcha de algo, basándose en información que todos conocen, pueden considerar que es una pérdida de tiempo. Por lo tanto, llegue al fondo de lo que piensa la gente recorriendo la mesa y haciendo esa pregunta a todos los presentes.
- «¿Qué nos impide, si algo nos lo impide, alcanzar la meta de la reunión?» ¿Falta alguien que disponga de información clave? ¿La reunión es demasiado larga o demasiado corta?
- «¿Cómo podemos superar estos obstáculos?» Ésta es la oportunidad perfecta para que los participantes propongan cambios en los que han estado pensando.

Sugerencia: Si cree que sus empleados preferirían no discutir abiertamente todos los asuntos, pídales que rellenen, de forma anónima, un cuestionario basado en estas tres cuestiones.

Y aquí tiene dos consejos prácticos de Peter F. Drucker, adaptados de su libro *El ejecutivo eficaz:*

- Al principio de cada reunión exponga su propósito y el resultado que quiere conseguir. Al final de la reunión, compare lo que ha sucedido realmente con lo que expuso al principio. Podrá ver rápidamente dónde y cómo se desvió del rumbo.
- Reserve los diez últimos minutos de cada reunión para preguntar: «¿Qué tenemos que hacer a continuación?», y para delegar tareas. Si sólo se centra en cuestiones del pasado y en problemas actuales, pasará por alto lo más importante: el futuro.

MANEJAR LOS CONFLICTOS

Un ejecutivo de una importante empresa de construcción me dijo: «En nuestro sector se convocan demasiadas reuniones para tapar diferencias personales que hay que dirimir. Yo insisto en que las personas implicadas se reúnan primero y luego presenten sus conclusiones en la siguiente reunión».

Veamos cómo manejó un ejecutivo una situación que amenazaba con dividir a su equipo. «Dos de mis empleados se odian a muerte. Cuando uno dice "negro" el otro dirá "blanco", sin dejar de lanzarse invectivas el uno al otro. Este antagonismo ahogaba cualquier debate. Así que ideé un sistema que hiciera posible que aquellos dos trabajaran juntos y les presenté un ultimátum: Si no lo hacéis así, os largáis los dos.

«Cuando reciben el orden del día, un par de fechas antes de la reunión, tienen que revisarlo juntos para bosquejar sus posiciones en diversos asuntos.

«Luego tienen que preparar un breve documento conjunto y escribir concisamente las tres, cuatro o cinco opciones a las que han llegado conjuntamente, sin identificar de quién es cada una. Luego, en las reuniones, insisto en que siempre sean corteses el uno con el otro. Para resumir, aunque nunca llegarán a gustarse —y la verdad es que no sé por qué; los dos son unos tipos competentes y agradables— obligarlos a trabajar juntos ha tenido tres beneficios: hemos reducido el nivel de decibelios y el sectarismo dentro del equipo, siguen siendo miembros productivos de nuestra comunidad laboral —un aspecto que se estaba erosionando rápidamente— y, de forma inesperada, han surgido algunas ideas nuevas de sus comunicados conjuntos.»

En su libro *More team gains for trainers*, Carolyn Wilson aconseja sofocar los enfrentamientos durante una reunión con la palabra «Qué». Ejemplos: «¿Qué te ha hecho preguntar eso?» «¿Qué te preocupa de eso?» En general, todos abandonan sus posiciones fijas o su hostilidad cuando se les pide que aclaren su postura.

Más consejos originales para reuniones ofrecidos por los ejecutivos

INVITACIONES ESTRATÉGICAS

Cerciórese de que las personas que tienen que estar presentes lo estén y estructure la reunión de forma que los participantes puedan marcharse cuando hayan terminado su parte y ya no se les necesite.

Tenga más reuniones cortas sólo con quienes tienen que decidir sobre un problema. Invítelos y reúnase con ellos quince minutos. Es una forma mejor de usar el tiempo que convocar una reunión al estilo de Cecil B. DeMille, en la cual los «extras» esperan sin hacer nada hasta que les toca arrojar su lanza.

Un vicepresidente de Smith Barney Inc., una empresa de información para inversores, aconseja: «Hay que tener en cuenta a dos grupos de personas en relación con las reuniones: las fundamentales, que tomarán las decisiones o aportarán algo valioso, y las que sólo necesitan conocer el resultado. Yo sólo invito a los que pertenecen al primer grupo y los llamo o les envío un e-mail por adelantado para decirles (1) el propósito —lo que esperamos conseguir— y (2) por qué están invitados, lo que espero que hagan y el material que tienen que traer.

«Después de la reunión distribuyo memorandos informativos al segundo grupo, los que tienen que estar enterados, con un resumen de las decisiones tomadas o las conclusiones a las que se ha llegado y también cualquier medida que haya que tomar.»

RESERVAR TIEMPO EN LAS REUNIONES

Dennis Bass, del Center for Science in the Public Interest, reserva tiempo en las reuniones para abrir espacio al trabajo creativo, como revisar el material de marketing.

Para dar cabida a todo, Bass se esfuerza por centrar todas sus reuniones mensuales habituales con sus subordinados directos en dos días.

LUGAR DE LAS REUNIONES

Muchos ejecutivos opinan que el aspecto físico del lugar de reunión es un importante factor de productividad. Una directora que conozco celebra, a propósito, sus reuniones con su plana mayor en un espacio muy reducido, porque la obligada proximidad hace que todos se muestren más enérgicos y animados. Veamos otras ideas:

Celebre las reuniones en el punto de origen. Melia Peavey, directora de explotación de Peavey Electronics Corp., fabricante de instrumentos musicales electrónicos de Meridien, Mississippi, convoca muchas reuniones en el lugar donde radica el asunto que se va a discutir. Si se trata de un problema de producción, los asistentes se reúnen en la planta de fabricación; si se trata de un asunto del almacén, la discusión tiene lugar allí. «Cuando estás encerrado en una sala de reuniones, el problema parece remoto —observa Peavey—. Al ir al propio lugar, las decisiones se ponen en marcha rápidamente y los empleados están impresionados al ver que los directivos participan y no permanecen sentados en sus despachos, mirándolo todo desde arriba.»

Puede hacer que las cosas funcionen celebrando reuniones en lugares inesperados.

Reúnase durante una comida. En su autobiografía *Iacocca,* Lee Iacocca cuenta cómo la idea del Ford Mustang —el coche que hizo despegar su carrera— surgió de apasionadas conversaciones sobre «el próximo gran coche» durante las cenas semanales «con los chicos» en un restaurante del barrio.

Reúnase en un «fonducho». Jerry McLaughlin, director general de Branders.com, una firma de Foster City, California, que vende producciones promocionales, celebra sus reuniones en Redneck Earl's, un «fonducho» donde sirven la cerveza en frascos de conservas y se come con las manos.

McLaughlin dice que muchas decisiones clave —desde contratar a alguien a elegir el lugar para las nuevas oficinas centrales— se tomaron en Earl's.

Cree un lugar de fantasía. Peter Kirwan, director de tecnología de NaviSite, empresa de *web-hosting* de Andover, Massachusetts, instaló una falsa chimenea en su despacho, puso velas en la repisa e invitó a los empleados a tomar un chocolate caliente. «De repente, la gente empezó a salir con fantásticas ideas (para resolver problemas)», afirma.

Cómo hacer que las reuniones sean productivas cuando usted no las organiza

Ahora ya tiene una idea bastante clara de cómo los ejecutivos de alto nivel llevan sus reuniones. Pero ¿cómo adaptar lo que ha aprendido de ellos para ser un participante aún más eficaz y extraer valor de las reuniones que dirigen otras personas? Dé un nuevo ímpetu a su habilidad para hacer que el tiempo de las reuniones sea productivo de dos maneras: de forma proactiva y de forma defensiva.

Forma proactiva. «Hacer bien las reuniones», que de eso se trata en definitiva, es una cuestión de averiguar qué espera su director de usted y actuar en consecuencia. Son tres las cosas que hay que tener en cuenta:

- *Estilo participativo.* Aunque prácticamente todos los directivos promueven las virtudes de la participación activa, averigüe si el suyo prefiere que todos intervengan espontáneamente o si prefiere pedírselo y llevar una reunión más regulada.
- *Tolerar la disensión.* Averigüe hasta qué punto su jefe se siente cómodo con que se resuelvan las cosas «a gritos» cuando hay desacuerdos. A algunas personas les encanta y se sienten vigorizados por las disensiones a voz en cuello. Otras no lo soportan.
- *Tono y estilo personal.* Sea consciente de posibles manías personales, como la tendencia a alargarse en demasía o a interrumpir o anular a los demás.

Un ejecutivo me contó que cuando empezó a ascender quiso que lo acompañara alguien que trabajaba con él. Pero esta persona interrumpía constantemente a los demás en las reuniones y, aunque le señalaron ese defecto repetidas veces, no se corrigió. Por lo tanto, y muy a su pesar, el ejecutivo dejó a aquel hombre atrás, pensando que su tendencia a anular a los otros, combinada con su incapacidad para cambiar de actitud, no lo hacía apto para un puesto más alto.

Al ser más consciente, no sólo ayuda a su equipo y a su jefe a conseguir una reunión más exitosa, sino que, además, gana capacidad y confianza en su propia habilidad para dirigir una reunión productiva.

Aplicar los «seis principios fundamentales» cuando no esté al mando. Éstos son mis consejos para ejercer influencia en los seis principios fundamentales. Dispone de más capacidad de maniobra de lo que cree.

1. *Asegúrese de que cuenta con un orden del día escrito.* Si no lo ha recibido dos días antes de una reunión importante, no acuda a ciegas. Pregunte a la persona responsable. Si la respuesta es confusa, pruebe con la táctica siguiente:

   Si lo permiten las ramificaciones políticas, considere la posibilidad de decirle al líder de la reunión: «Tengo un par de cosas pendientes, ¿se podrían incluir en el orden del día?»

   De esa manera, sin que el líder se dé cuenta, habrá modificado la agenda o, quizá, creado una donde no la había.
2. *Empiece y termine puntualmente.* Si cree que una reunión se alarga de manera innecesaria, pero la persona responsable no toma las riendas, ayude a terminarla con espíritu colaborador, diciendo algo así: «Eh, chicos, ¿os acordáis de que teníamos que hablar de algo

más tarde? Será mejor que recoja el material que necesito pronto. Está un poco por todas partes y tengo que organizarlo. ¿Cuál es el siguiente tema importante en esta reunión?» Tomar la iniciativa le da una buena oportunidad para disolver la reunión.

3. *Asuma un liderazgo firme.* Si una reunión se ha vuelto aburrida o ha perdido el norte, haga lo que pueda, dentro de su posición y autoridad, para que de todos modos sea productiva. Pruebe con estas tres tácticas:
   - Suscite una discusión animada. Pregunte algo así: «Jerry, estaba pensando que seguir esta vía en lugar de esa otra tendría algunas ventajas. ¿Podrías decirnos qué opinas sobre el posible resultado de las dos alternativas?»
   - Mientras está sentado allí, estudie a sus colegas. ¿Cuáles cree que son sus esperanzas y sus aspiraciones? ¿Cuáles son sus virtudes y sus defectos? ¿Con qué compañeros puede forjar una asociación productiva? ¿Existen rivalidades o relaciones de animadversión? Según Ted Benavides, de Dallas: «Cuando estaba en una reunión y no era el líder, yo siempre quería enterarme de todo lo que hacían mis compañeros para que, si no estaban allí y el jefe me preguntaba, pudiera ayudar... Y mejoré al conocer asuntos que no pertenecían a mi campo. Así que, ahora que soy el jefe, sé mucho de ese campo, lo cual me ayuda en todo.
   - Haga otro trabajo. En realidad, esto sólo lo recomiendo en el caso de una reunión adormecedora, con mucha gente, donde no es probable que nadie le preste atención.

RESUMEN DE LOS SEIS PRINCIPIOS FUNDAMENTALES DE UNA REUNIÓN EFICAZ

1. Cerciórese de que tiene el orden del día escrito.
2. Empiece y termine puntualmente.
3. Asuma un liderazgo fuerte.
4. No deje nada pendiente.
5. Tome «notas» o actas de la reunión.
6. Haga un seguimiento de todos los asuntos importantes.

4. *No deje nada pendiente*. Si el líder de la reunión no se asegura de que los asuntos se resuelven de una u otra manera, haga un pequeño comentario como: «¿Cuál es la siguiente etapa en ese proyecto? ¿Podría aclararlo?»
5. *Tome notas*. No baje la guardia, tome sus propias notas.
6. *Haga un seguimiento*. Una vez más, siga la pista de quién tiene que hacer qué, por su propia cuenta, si el líder no lo hace. Si necesita que alguien haga algo para que usted pueda dar el siguiente paso, hable con él o con ella antes de la siguiente reunión.

Subir de nivel: El arco de posibilidades de los ejecutivos

Reuniones con valor añadido

Todos los directivos, desde los recién contratados al director general, definen la estructura de una reunión eficaz según las seis estrategias del arte de la reunión que acabamos de discutir.

Sin embargo, además de ese arte, he descubierto que conforme asciendes hasta llegar a una distancia sorprendente de las dependencias de los ejecutivos, algo empieza a cambiar de aspecto. En una palabra —o tres— piense en «laboratorio de ideas», en reuniones ideadas para producir grandes ideas e impulsar la entrega.

En su libro, escrito con Ram Charan, *Execution: The discipline of getting things done*, Larry Bossidy, que se inició como miembro del círculo interno de Jack Welch en GE y luego se convirtió en presidente y director general de Honeywell International, dice: «Piense en las reuniones a las que ha asistido, las que fueron una absoluta pérdida de tiempo y las que produjeron energía y grandes resultados. ¿Cuál era la diferencia?... La diferencia estaba en la calidad de los diálogos», lo que Bossidy llama «fuego real».

Los ejecutivos de alto nivel desean obtener de los participantes información profunda, ideas fecundas y un intercambio vital, incluso apasionante, que produzcan una entrega, un interés y una pasión profundos, que no lograrían de otra manera.

La primera vez que vi esto en acción fue cuando asistí a una reunión dirigida por Joseph Vittoria, en Avis, con cinco o seis personas de marketing. «Si aplicamos lo que propone, ¿cómo cree que afectaría a Kinney y Hertz?» «¿Y si invirtiéramos la posición y lo hiciéramos de esta manera, en lugar de aquella?» «Déjenme que haga de abogado del diablo, ¿qué desventajas ve en este planteamiento?»

Las ideas y la entrega que generaba eran apasionantes. Al hacer que sus empleados participaran a un nivel galvanizador, el señor Vittoria creaba un foro vivo que añadía valor a una reunión, por otro lado bastante corriente.

Cuatro medios para explotar el valor de una reunión

Según he observado, los ejecutivos utilizan cuatro estrategias para alcanzar el estadio de «laboratorio de ideas». No se excluyen unas a las otras:

1. Obtener grandes ideas por medio de preguntas estratégicas.
2. Practicar la «disonancia creativa».
3. Sacar los hechos desnudos y las opiniones no mediatizadas.
4. Pensar a lo rico... abordar el tiempo de una manera diferente.

TRES MANERAS DE PLANTEAR PREGUNTAS INTELIGENTES

1. «¿Y la razón (de que los defectos en los productos hayan aumentado enormemente) es...?»
2. «¿Estamos haciendo algo que nos dificulte (alcanzar los números) (poner en aprietos al nuevo producto de la competencia)?»
3. «¿Qué podemos hacer para (mejorarlo) (reforzar nuestra posición)?»

Extraer grandes ideas por medio de preguntas estratégicas

Frank Wells, presidente de Disney bajo Michael Eisner hasta la muerte de éste, en 1994, era maestro en el arte de obtener ideas frescas y buenas de sus subordinados directos por medio de preguntas provocadoras. Por ejemplo, le decía a un colega: «Perdona, pero ¿se te ocurre una situación en la que no te entrara el pánico al ver este presupuesto?»

Más tarde, al reunirse con los jefes de construcción que informaban de que todo iba de maravilla, decía: «Vale, vale. Ahora decidme algo negativo. ¿Dónde dice aquí si estamos o no estamos dentro del presupuesto?»

Lo que obtenía de su gente era una especie dramatización que les ayudaba a enmarcar de nuevo su situación.

John Curley, de Gannett, adoptó un enfoque parecido en una de sus reuniones, a la que yo asistí.

No paraba de hacer preguntas como: «¿Cuál cree que funcionó mejor?», «¿Qué riesgos ve?», «¿Cuáles son los problemas?», no paraba de ponerlo todo en tela de juicio, no para buscar el enfrentamiento, sino para llegar a ideas de una mayor profundidad o complejidad.

Practicar la «disonancia creativa»

Algunos ejecutivos triunfadores solicitan activamente el choque de ideas y la «disonancia creativa» como vehículo para conseguir todo tipo de ideas y posibilidades.

William J. Bratton, comisario del departamento de policía de Los Angeles, dice: «La gente entiende que quiero una discusión abierta, la invito y la animo. Las diferencias de opinión no me preocupan...» Una razón de que fomente esa disonancia es reducir la capacidad de retener o filtrar información.

En el éxito de ventas *Good to great*, Jim Collins alaba a Ken Iverson, director general de Nucor Steel por estimular un intenso debate. Las reuniones del director general «eran un caos», dice Iverson. «Nos quedábamos allí horas, resolviendo problemas... La gente chillaba. Agitaban los brazos y golpeaban la mesa.» Pero siempre acababan por llegar a una conclusión. Una situación tipo Enron, donde la gente mentía y se retraía a todos los niveles, nunca se habría producido en ese ambiente de debate abierto.

Sacar a la luz hechos desnudos y opiniones no mediatizadas

El interés por llegar a los hechos desnudos y las opiniones no mediatizadas también está detrás de la estrategia para las reuniones de otro ejecutivo: hablar el último, no el primero.

Luke Corbett, director general de Kerr-McGee Oil Company, de la ciudad de Oklahoma, no dice nunca lo que piensa sobre un asunto hasta que todos los demás han aireado sus opiniones. Su razonamiento es que, como es el jefe, cuando él dice algo los demás distorsionarán inconscientemente sus ideas para que se ajusten a las de él y lo que él quiere es contar con ideas imparciales.

DOS ESTILOS DE DECISIÓN: CONSENSUAL Y NO CONSENSUAL

Las reuniones de un jefe y sus subordinados no son una democracia. El rector Hemenway busca por lo general el consenso, pero se reserva el derecho a imponerse. «Si estás absolutamente seguro de que tienes razón y eres la persona en quien han delegado la autoridad... sigues adelante y tomas la decisión, aunque sólo haya dos entre diez que estén de acuerdo contigo. Pero si lo haces con demasiada frecuencia —si más de un cinco o un diez por ciento de las decisiones se toman así— es probable que tengas una organización disfuncional, porque no te apoyas lo suficiente en los conocimientos de tu grupo de apoyo.»

Pensar a lo rico. Abordar el tiempo de una manera diferente

Al definir lo que constituye una reunión eficaz y productiva, muchos ejecutivos de alto nivel se centran en la calidad del resultado, en lugar de en el tiempo dedicado. A este resultado de calidad yo lo llamo «riqueza de ideas». Pero la riqueza de ideas de los ejecutivos puede llevar más tiempo que las reuniones tensas y cortas que la mayoría de nosotros consideramos productivas.

Para ser sincera, me sorprendió el alto número de ejecutivos que están a favor de las reuniones largas —largas *de verdad*— de forma habitual.

En Duke Energy, los ejecutivos de alto nivel encuentran un enorme valor en las reuniones extremadamente largas. El director general, Chris Rolfe, dice que buena parte de su trabajo se hace en las reuniones quincenales de la comisión de política, que duran todo un día. «Es mucho más continuo y de tiempo real... todos los días estamos poniendo al día los planes, porque nuestra organización es muy dinámica.»

Según Robert Crandall, anterior director general de American Airlines: «Quiero tener la oportunidad de hacerle (a alguien) mil preguntas, algo que no es posible sin reunir a la gente».

¿Qué se obtiene de todo esto?

Tanto si su objetivo es la sala de juntas como si no lo es, vamos a resumir aquí tres ideas fundamentales, compartidas por quienes piensan de esa manera sobre las reuniones orientadas al valor, al estilo laboratorio de ideas.

1. Comprenda cuál es la cultura de reunión de su propia compañía. Esté alerta para saber qué funciona y qué no funciona.
2. Contribuya todo lo que pueda al contenido, desarrollo y seguimiento de cada reunión. Sea totalmente consciente de su propia capacidad para influir en los acontecimientos.
3. Determine cuál es su propio «estilo de reunión», para poderlo llevar a la práctica eficazmente cuando sea usted el responsable.

Pero incluso si una reunión no es de su estilo, puede sondear cuál es la actitud de su jefe en ese terreno y hacerse una idea mejor de lo que se espera de usted durante esas sesiones. Recuerde, también, que como, actualmente, son tantos los directores que han pasado por escuelas de negocios, la idea del laboratorio de ideas suele estar profundamente arraigada en su manera de pensar.

Por otro lado, si tiene las miras puestas en las dependencias del ejecutivo, estar familiarizado con estas cuatro estrategias que los directores generales usan para suscitar grandes ideas puede ayudarle a conseguir que sus reuniones sean productivas al máximo.

13

El curioso poder de las interrupciones

Sorprendentemente, los directores generales insisten en que acoger con los brazos abiertos a quienes se dejan caer por sus despachos, en lugar de no permitirles entrar, puede ser una de sus más poderosas herramientas de gestión. Descubrí esta idea aparentemente ilógica por casualidad.

Durante los últimos años he «sido la sombra» de un selecto número de los principales directores generales de este país durante jornadas típicas de oficina con el fin de llegar a comprender bien sus estrategias de organización y de gestión del tiempo.

Uno de los primeros a quienes estudié fue Joseph V. Vittoria, quien en aquel momento ocupaba el cargo de presidente y director general de Avis. El día del señor Vittoria empezaba, tal como yo suponía en un ocupado director general, revisando su programa de citas con su secretaria, encargándose del papeleo, devolviendo llamadas telefónicas, etcétera.

Pero observé algo curioso: pronto su día parecía perder totalmente la estructura. Dejando aparte unas dos horas y media de reuniones y citas ya acordadas, su jornada parecía consistir en una serie interminable de interrupciones —subordinados directos que se dejaban caer para hablar de algún asunto que acababa de surgir, llamadas telefónicas de colegas de dentro y fuera de la compañía e incursiones por todas las dependencias—, la clásica dirección por paseo (MBWA).

Esta constante ronda de acontecimientos no planificados no lo alteraba en lo más mínimo. Cuando le pregunté cómo podía manejar todas aquellas interrupciones sin irritarse, siendo el ejecutivo a cargo de una enorme corporación, con tantas responsabilidades, me echó una mirada socarrona. En aquel momento atribuí su extraña reacción a una actitud idiosincrásica. Seguí con mi estudio, «me pegué» durante un día a John Curley, entonces director general de Gannet. Pronto observé que, igual que sucedía con el señor Vittoria, su jornada consistía en sólo unas dos horas y media de citas programadas, mientras el resto quedaba abierto a la misma clase de «interrupciones» continuas.

Interesante. Aquí teníamos a dos ejecutivos de gran éxito, de dos sectores diferentes —alquiler de coches y prensa— cuyas jornadas eran una deliberada aunque inconsciente combinación de estructura y flexibilidad total.

Conforme continuaba mi estudio *Un día en la vida de un director general*, empecé a sondear a otros ejecutivos sobre este tema y descubrí que casi todos ellos actuaban del mismo modo. Sencillamente, aquello no tenía sentido para mí. Yo había dado por supuesto que la agenda de los ejecutivos sería muy apretada y que sus subordinados directos tendrían sólo un acceso limitado a ellos.

Sin embargo, me encontré exactamente con lo contrario: en la cima, había una libertad total por parte de los subordinados directos y los colaboradores inmediatos del ejecutivo —un círculo de unas quince personas— para ir y venir a su antojo.

Cuando pregunté a los ejecutivos las razones de esta mentalidad en apariencia contradictoria, comprendí que aquella forma de actuar les parecía tan natural que ninguno de ellos fue capaz de citar una razón específica para explicarla.

Entonces tuve la suerte de entrevistar al doctor George E. Pickett, entonces delegado de sanidad del Estado de Virginia occidental y antiguo presidente de la American Public Health Association. Quizá debido a su formación académica pudo darme una respuesta. Cuando le pregunté cómo manejaba las interrupciones, me replicó: «¿Qué interrupciones?»

Le describí las situaciones que había observado y él me dijo: «Lo que usted llama "interrupciones" es mi trabajo. Desde el principio de mi carrera, he entendido que mi trabajo era estar disponible para facilitar, mediar en las crisis, estudiar ideas, solucionar problemas y, simplemente, estar presente. Si tengo algo urgente, voy a una sala de reuniones y cierro la puerta, pero eso sucede raras veces».

En aquel momento tuve una revelación: *Las mismas interrupciones incesantes que volvían locos a la mayoría de directivos, para él y para los demás directores generales eran la savia que alimentaba sus días.* Al parecer, los líderes de las organizaciones no ven las interrupciones de la misma manera que el resto de los humanos.

Tomemos, por ejemplo, los siguientes comentarios de Ted Benavides, en Dallas. Benavides ni siquiera se plantea tener tiempo para sí durante el día. Según dijo: «Si no hay nadie en mi despacho, empiezo a buscar a alguien... Mi trabajo es comunicarme con mi personal, mis jefes y mis clientes, con los ciudadanos. Mi trabajo consiste en andar por ahí, codearme con las bases.

«De acuerdo, hago que sea fácil acceder a mí, pero necesito tener más movilidad. Necesito estar más sobre el terreno... *quiero* ver el refugio de los animales. Ayer fui a ver una de nuestras estaciones de control aéreo...»

Mi reacción inicial ante este fascinante descubrimiento fue que la capacidad de los ejecutivos de alto nivel para hacer malabarismos con lo inesperado, sin planificación, era uno de los lujos de estar en la cima, con legiones de personas a su disposición.

Pero la verdad que acabó por emerger demostró ser sorprendente: las personas que suben peldaño a peldaño, hasta llegar a la cima de las grandes organizaciones, han practicado una política de «puertas abiertas» desde su primer puesto. *Al estar disponibles para todos los que les rodean, se convierten en un epicentro de influencia, una fuerza humana centrífuga que puede, con talento, trabajo duro y un poco de suerte, impulsarlos hacia arriba.*

A primera vista, la idea de invitar a que te «interrumpan» parece la antítesis del concepto de una gestión del tiempo eficaz. Pero cuanto más observaba a esos directores de cerca, más cuenta me daba de que al estructurar su tiempo de forma que invitaban a los demás a buscar su opinión, consejo o ayuda, sin ser conscientes de ello, creaban los medios que les llevaban al éxito y, en muchos casos, a un puesto más alto. Desde el principio, estar dispuestos a relacionarse, sin previo aviso, envía un mensaje que dice que tienen el control, lo cual se convierte, con el tiempo, en una profecía que se cumple a sí misma.

Todo esto puede ser fascinante, pero desde su punto de vista quizá no suene demasiado práctico. En este momento de su trayectoria profesional, lo más probable es que no se pueda permitir que la gente no pare de entrar y salir, que se adueñe de su día. Enfrentarse a estos dos objetivos, al parecer contradictorios —ser accesible a los compañeros y estructurar de forma activa su propia jornada— es un difícil ejercicio de equilibrio.

El secreto reside en comprender que sólo hay tres «estilos de interrupción» básicos. Decidir cuál es el que mejor le va a usted es la clave para maximizar su productividad en cualquier punto de la línea de mando en el trabajo.

Los tres «estilos de interrupción»

Encauzar los contactos y las interrupciones es, con frecuencia, un aspecto irritante pero necesario de cualquier trabajo. He identificado tres «estilos de interrupción» básicos, practicados por los directivos para tratar de conseguir la máxima productividad. Antes de cada uno, describo el «distintivo» que mejor ejemplifica esa mentalidad, para ayudarle a identificar su propio «estilo de interrupción».

1. *Todas las interrupciones, todo el tiempo*

> ***Distintivo:*** *Mantiene una política de puertas abiertas de forma regular, recibe e incluso invita de manera espontánea a compañeros, empleados, clientes y personas de otros niveles jerárquicos.*
>
> *Las demandas inesperadas de su tiempo para discutir problemas, oportunidades o asuntos en marcha son lo que lo mueve. Se ocupa de otros trabajos esenciales antes o después de las horas de oficina, lo cual exige, con frecuencia, jornadas de catorce o quince horas.*

Muchos ejecutivos *necesitan* que les interrumpan para estar al corriente, en todo momento, de las cosas importantes que suceden en su compañía y su sector.

Joseph Vittoria me dijo que cuando no había nadie esperando para verlo, salía y preguntaba a su secretaria: «¿A quién le toca ahora?» Para un director general, el contacto incesante es el auténtico trabajo. El torrente de preguntas, comentarios, informaciones, peticiones y expectativas —quizá cientos al día— es un rico recurso que hay que explotar. La relación permanente puede ser un sistema con el cual capacita a sus compañeros y que revierte en usted como beneficio de mil maneras, pequeñas y grandes.

Donald Guinn, de Pacific Telesis, por ejemplo, describía las muchas demandas de su tiempo como un «menú de oportunidades» entre las que elegir para realizar su trabajo.

Akira Chiba, de Pokémon USA, insiste en la dirección por paseo (MBWA), y busca contactos breves con la gente de sus oficinas en cualquier oportunidad.

Otros muchos ejecutivos me han contado lo mismo. Andrew Grove se refiere a dejar, cada día, importantes «espacios abiertos» en su tiempo para dar cabida a lo que pueda presentarse. Cuando era director de McGrawHill, Joseph Dionne no programaba reuniones fijas con todos sus subordinados directos; se limitaba a dejar la puerta abierta para que acudieran cuando lo necesitaran, lo cual representaba docenas de visitas al día.

No olvide, sin embargo, que hay método en esta locura. *La interacción espontánea* es *el trabajo de los directores generales. Muchos de los altos ejecutivos de Estados Unidos gobiernan sus empresas —recogen información, solucionan problemas, ejercen influencia y facilitan los objetivos prioritarios— por medio de los contactos casuales, improvisados, que los demás llamamos interrupciones.*

Esta actitud mental de «todas las interrupciones, todo el tiempo» no se limita a los directores generales: hay personas en todos los niveles y situaciones que funcionan así de forma espontánea. Por ejemplo, Todd Cowgill, de Pekin Insurance, es igualmente receptivo. «Los empleados me vienen a ver porque necesitan ayuda», dice. Así que, durante la mayor parte del día, considera que es apropiado estar disponible para los empleados que lo necesiten.

En una ocasión, una editora senior de una editorial describió un frustrante momento de desconexión con su jefe. Un día se asomó a su despacho para preguntarle algo y, educadamente, se quedó en el umbral para no interrumpirlo, mientras él tecleaba, muy concentrado, en su ordenador.

Cuando él la vio se mostró irritado y le preguntó, impaciente: «¿Por qué no ha entrado?» Cuando ella se lo explicó, él replicó: «¡Pero ése es mi trabajo, estar disponible! Tanto si se trata de una pregunta, de un obstáculo que hay que eliminar o de tantear algunas ideas, para eso estoy aquí».

Esta fuerte desconexión, que la desconcertó y disgustó, ilustra lo importante que es comprender la mentalidad de su supervisor y lo que él o ella dan por sentado en cuanto a esas comunicaciones básicas a lo largo de la jornada. De esto también podemos sacar otra lección sobre estar disponible para los demás. Empezar a considerar las interrupciones como una oportunidad para ayudar a los demás en su propio trabajo es un medio magnífico para aumentar el propio valor en la compañía.

¿Cómo indican los ejecutivos al personal y a sus compañeros que sus puertas están abiertas?

- *Su puerta está literalmente abierta.* Una puerta abierta invita a la gente a entrar con sus preguntas, problemas o consejos.
- *Tienen una zona cómoda para sentarse.* No amontone nada encima o alrededor de las sillas que haga que resulte difícil sentarse. El presidente Reagan tenía un enorme tarro de caramelos de goma encima de la mesa.
- *Actualizan su mensaje en el buzón de voz cada día.* Al proporcionar a quienes llaman una breve información, puesta al día, de su programa les hace saber cuándo pueden contar con usted y dónde encontrarlo si lo necesitan.

DIRECTOR GENERAL CON ESPÍRITU DE CONTRADICCIÓN: ¿FUNCIONARÁ SU CONTROL TOTAL?

Muchos lectores de *Organizarse para alcanzar el éxito* desean tener más control de su agenda diaria, convencidos de que eso les permitirá ser productivos al máximo.

No están solos. A Steve Ballmer, director general de Microsoft desde que Bill Gates cedió las riendas en 2001, le encanta su sistema de programación basado en su hoja de cálculo. En un artículo publicado en 2002 en *The New York Times Magazine,* Balmer dice: «Gestiono el tiempo religiosamente». Y añade: «El ensamblaje de cuadrículas diminutas es... una necesidad práctica de la manera en que debo... ocuparme de mi trabajo. Con la amplísima serie de productos y mercados de Microsoft, sencillamente sería imposible ser un jefe al viejo estilo, que está en todas partes, que me gustaría ser». Ballmer calcula, de una vez, sus asignaciones de tiempo anuales, en una hoja de cálculo. Veamos el ejemplo de un año:

Venta: 48 días sobre el terreno.
E-mail: 180 días, 60 minutos al día, más viajes de avión.
Tiempo para el personal: Su vicepresidente de marketing tiene doce horas de trato individual al año.

Sin ninguna duda, Ballmer ha tenido un enorme éxito, pero, según mi experiencia, este especie de control ultrarrígido del tiempo va contra las reglas de una intensa relación del director general con sus subordinados directos y sus colegas.

Sólo el tiempo dirá cómo acaba ese calendario tan cargado de Ballmer, pero creo que quizá llegará a la conclusión de que no es el modelo de tiempo óptimo para alcanzar sus metas como director general. Si quiere usted controlar estrictamente su tiempo, quizá tenga que preguntarse si ese planteamiento le permitirá la flexibilidad necesaria para lograr sus objetivos.

Donald Nickelson, ejecutivo de Paine Webber, situaba la mesa de su secretaria tan lejos de su despacho que quienes iban a verlo podían esquivarla con facilidad.

La mayoría de directores generales que he estudiado se levantan muy temprano para hacer su trabajo privado y poder estar completamente disponibles durante el día. Es algo inherente al cargo. Las necesidades de su familia y de su hogar quizá no le permitan hacerlo así, pero casi siempre es posible poner el despertador media hora antes para conseguir un poco de valioso tiempo personal para trabajar.

2. El planteamiento equilibrado de «puertas abiertas»

Distintivo: *Con este estilo híbrido, no le molesta que pasen a verlo sin avisar, pero quiere crear una gestión del tiempo eficaz en términos de su propia jornada y de la de sus colegas. Hace una cantidad importante de su propio trabajo durante la jornada, pero sigue buscando espacios de contacto de forma regular.*

Aunque recibe con gusto los contactos espontáneos, hará un esfuerzo por mantener su despacho en zona prohibida a las interrupciones una parte del día, a fin de tener tiempo para dedicarse a sus tareas prioritarias, salvo que la interrupción sea urgente.

Si este estilo le suena familiar, su principal «táctica de interrupción» es negociar un equilibrio entre el tiempo de puertas abiertas y otro más restringido. Veamos algunas propuestas para equilibrar las dos exigencias.

EQUILIBRAR FIRMEZA Y DISPONIBILIDAD

- Fije horas de «puertas abiertas» —digamos entre las tres y las cinco de la tarde—, extienda entonces la alfombra roja para recibir a sus colegas y empleados que vayan a verlo y hablar de lo que tienen en mente.

- Kent Crawford, presidente y director general de PM Solutions, cree que las visitas inesperadas de «¿Tienes un minuto?» perjudican la rutina diaria. Así pues, para equilibrar el tiempo que necesita para su propio trabajo con una gran accesibilidad para empleados y colegas, hace lo siguiente: «Pido a mis subordinados directos que me envíen un e-mail: "¿Puedo verlo a las tres?" o lo que sea. Yo les contesto, también por e-mail lo antes posible: "De acuerdo" o "A las tres no me va bien, pero sí entre las doce y las dos". De esta manera estoy accesible y, sin embargo, controlo mi tiempo. Por supuesto, si hay algo extremadamente urgente me lo hacen saber de inmediato».
- Un ejecutivo de «puertas abiertas» pregunta si la prioridad es para «Ahora mismo» o «Puede esperar». En el segundo caso, les envía un e-mail en el que explica cuándo pueden ir a verlo.
- Un planteamiento «negociado» relacionado con el anterior:

  «Tengo mucho interés en verlo, pero estoy trabajando en algo esencial. ¿Puede volver a la una y media?» «No, es muy importante.» «De acuerdo, dentro de cinco minutos.»
- Negociar con el jefe: «Estoy trabajando en esto para usted. ¿Quiere que lo deje y hablemos ahora o será mejor esperar hasta más tarde?»
- Jeanette Wagner, de Estée Lauder, describe sus técnicas de asignación del tiempo: «Controlo todos mis compromisos yo misma. Por la noche, mi secretaria me da una lista de peticiones, la fecha y el asunto. Yo puedo decir: "Si, no, no, no, no". "Esta persona debe ver a esta otra." "No es necesario que yo vea a esta persona" o

"Aquí es suficiente con quince minutos". No dejo que mi secretaria regale mi jornada».

- Ponga un letrero divertido en la puerta o en la mesa: «Genio trabajando de 9 a 10. Por favor, déjeme una nota o vuelva más tarde».

3. *Acceso controlado*

Distintivo: *Cuando alguien se asoma a la puerta, se siente como si acabaran de asaltarlo y robarle el día y trata de encontrar un medio para librarse de esa persona lo más rápidamente posible para poder volver al trabajo. No es que sea antisocial, sino una de esas personas a las que les gusta centrarse intensamente en lo que tienen entre manos.*

EL NÚMERO DE LA MESA: AHORA LO VEN, AHORA NO LO VEN

El difundo William McGowan, fundador de MCI, ideó una disposición estratégica de los muebles de su despacho para dar a entender si estaba disponible o no. Colocó dos mesas; una era visible desde la puerta y la otra no. Cuando estaba sentado a la mesa visible, era una invitación a entrar. Cuando no era posible verlo, significaba que no quería que lo molestaran.

No es necesario decir que la mayoría de ustedes no tienen dos mesas (todavía), pero pueden organizar su despacho de tal manera que disponga de un rincón fuera de la vista —digamos, una mesa pequeña donde colocar un ordenador portátil o un teléfono— para dar la impresión de que no está disponible en ese momento, pero sin aislarse del mundo.

Aunque usted prefiera el control total, en el mundo menos que perfecto de las oficinas acepte que tendrá que soportar que lo interrumpan de vez en cuando. Por eso, pida que lo llamen o le envíen un e-mail o lo avisen por adelantado.

Un ejecutivo tiene dos sistemas para evitar que los demás lo abrumen: mantiene la temperatura de su despacho a dieciséis grados para que la gente entre y salga rápidamente y no tiene más sillas que la suya propia, para que los demás se sientan incómodos enseguida y se vayan.

Otras ideas

- Coloque la mesa de forma que no tenga un contacto visual inmediato con los que pasan, lo cual anima a entrar y charlar.
- Cuando entren sus compañeros a charlar, póngase de pie, como si estuviera a punto de marcharse. Deje que capten la indirecta.
- Para cortar la charla, pregunte: «¿Quiere preguntarme algo más?»
- En una pausa, diga: «Gracias por la información. Se lo agradezco». Y luego acompañe a su visita a la puerta.

LAS INTERRUPCIONES SON UNA CALLE DE DOS DIRECCIONES

Es fundamental saber qué «estilo de interrupción» encaja mejor en su carácter. Asimismo es fundamental comprender el estilo de sus compañeros, empleados y superiores.

Una redactora de revistas se pasó los tres primeros meses en el puesto padeciendo graves problemas de comunicación con su directora debido a que no contestaba a sus e-mails, donde buscaba respuestas a asuntos urgentes.

Frustrada, finalmente le preguntó: «¿Preferiría que, cuando tengo un problema que necesita solución, lo tratáramos por teléfono?» La directora respondió rápidamente: «¡Sí!» Fue como si ella misma no se hubiera dado cuenta de que no le gustaba que la interrumpieran por correo electrónico, pero no le importara en absoluto que lo hicieran por teléfono.

Juegue según las preferencias de cada miembro del personal a fin de fomentar y potenciar los mejores esfuerzos de esa persona. Si a su adjunto le irritan que lo interrumpan constantemente y se asoma a su despacho veinte veces al día, no conseguirá que trabaje de forma óptima, dado que esa persona se ve obligada a actuar irritada.

Si, por otro lado, un subordinado directo es mucho más receptivo a las interrupciones, quizá se sienta insultado —y posiblemente se vuelva paranoico— si no va a verlo con frecuencia. Se alimenta de esas visitas y teme haber hecho algo mal y, posiblemente, que su trabajo corre peligro.

El arte de manejar las interrupciones

Puede que a los directores generales les gusten todas las interrupciones, pero seamos sinceros, no todas las interrupciones son iguales. Hay personas que se dejan caer y «secuestran» nuestro tiempo cuando tendrían que encargarse de aquel asunto ellas mismas. También hay personas que dan vueltas y más vueltas y es preciso animarlas a ir al grano. El problema es asegurarse de que esos encuentros sean dinámicos y productivos, no verse atrapado en largas disquisiciones o en conversaciones sobre la renovación de la cocina de su colega. A continuación tiene una serie de consejos de productividad que le ayudarán a sacar el máximo partido de cada contacto y a gobernar las interrupciones y los contactos espontáneos para que actúen en su favor, no en su contra.

¿HA EMPLEADO BIEN SU TIEMPO?

Alguien se deja caer para hablar de algo rápidamente. Treinta minutos más tarde todavía está a punto de marcharse. ¿Con quién está usted furioso? ¿Ha empleado bien su tiempo? Si es así, ¿por qué? Si no es así, ¿por qué no? Si alguien absorbe su tiempo de forma improductiva, busque la manera de manejarlo mejor la próxima vez.

Seis estrategias de «interrupción a los tres minutos»

ESTABLECER EL «RÁPIDO»

- Establezca un contrato temporal: «Tengo diez minutos a las cuatro».
- Cuando un empleado le pregunte: «¿Tiene un minuto?», responda: «No, sólo treinta segundos». Esto reduce automáticamente a la mitad el tiempo que le piden y limita sus opciones. Pueden ser breves y concisos durante treinta segundos, esperar hasta que usted tenga más tiempo o preguntárselo a otro.
- Dígale a alguien que se alarga demasiado: «Por favor, dame la versión resumida» o «Tengo otros diez minutos, así que que asegurémonos de tratar los asuntos esenciales».
- Evite hacer preguntas de respuesta abierta como «¿Qué pasa?» En cambio, pregunte: «¿Qué puedo hacer por usted?»

CORTARLES EL PASO

- Pídale a su secretaria que les interrumpa, en un momento ya acordado, para recordarle su próximo compromiso y así proporcionarle un medio de marcharse elegantemente. Si no tiene secretaria, ponga en marcha la alarma del reloj o del ordenador para facilitarle la salida. También puede decir simplemente: «Lo siento, pero ahora tengo otro compromiso».

- Enmarque el discurso preguntando: «¿Qué quiere que haga?» o «¿Qué va a hacer usted?»

Reducir el flujo de interrupciones

- *Prepare respuestas estándar para preguntas repetitivas.* Andrew Grove comenta: «Si es posible concretar el tipo de interrupciones que se padece, es posible preparar respuestas estándar para las más frecuentes». Para reducir las preguntas repetitivas, un director colgó en el tablón de anuncios del ordenador del departamento una tabla con el título «Las diez situaciones más comunes y cómo lidiar con ellas».
- *Delegue autoridad.* Aclare a sus subordinados directos el alcance de las medidas y decisiones que tienen poder para tomar sin consultar con usted. Eliminará muchas interrupciones y acelerará el ritmo de trabajo en su unidad.
- *Comuníquese por escrito... sí, por escrito.* En Vollmer Public Relations, de Houston, los directores y sus empleados crearon un eficaz sistema para reducir las interrupciones no esenciales. En lugar de telefonear o enviarse e-mails durante todo el día, usan unos cuadernos especiales de color malva para escribirse las notas que no son urgentes. Todos deben respetar una única e importante regla: Contestar a todas las notas antes de que acabe el día.

Impida que las reuniones imprevistas se le coman el día

- *La técnica de la salida rápida.* Cuando John Reed era presidente de Citicorp, los empleados observaron que solía pasar por sus oficinas, en lugar de llamarlos a su propio despacho. La razón era que al acudir él a sus despachos, podía marcharse cuando le convenía. Así pues, la próxima vez que alguien llame para decir que pasará a verlo, ofrezca inmediatamente: «Ya paso yo». De esa manera podrá marcharse cuando quiera.

- *Trate de celebrar las reuniones improvisadas en el despacho de otro.* Es más fácil excusarse que echar a alguien a patadas de su despacho.
- *Apóyese en el marco de la puerta cuando vaya a ver a alguien.* ¿Listo para marcharse? Cuando alguien con quien «tiene que hablar» pase por allí, aproveche la oportunidad para marcharse.
- *Haga visitas preventivas.* Sharon Hill, directora de IBM, descubrió que sus frecuentes viajes de negocios generaban una gran cantidad de interrupciones cuando volvía. Los miembros de su equipo pasaban por su despacho para ponerla al día, comunicarle noticias, etcétera. Ahora, cuando vuelve de un viaje, dedica el primer par de horas a visitar los despachos de sus compañeros, para darles la oportunidad de que le expliquen cualquier cosa importante y ponerla rápidamente al día. Cuando ha acabado de hacer la ronda, cuelga un letrero con «SE RUEGA NO MOLESTAR» y se ocupa de su trabajo, sin que nadie la interrumpa.
- *Por regla general, haga tiempo cada día para la dirección por paseo (MBWA).* Sólo con detenerse junto a la mesa de alguien y preguntar «¿Cómo va todo?» puede impedir que los pequeños problemas se conviertan en grandes y, no por casualidad, cortar el paso a muchas interrupciones que acaban aterrizando en su despacho.

Una idea creativa

Establezca una zona «libre de interrupciones». La cafetería de las oficinas centrales de Intel sirve como punto de reunión y sala informal de conferencias para los empleados de toda la compañía. No obstante, esa cafetería tiene un rasgo distintivo: pequeños letreros distribuidos por la sala que dicen «DE UNO EN UNO».

Como explica Carlene Ellis, de Intel, en el libro *The web of inclusion*, de Sally Helgesen, si pone ese letrero en su mesa, los demás «no se detendrán a charlar, o sea que podrá estar en privado aunque a la vista de todos. No es preciso reservar una sala de reuniones, sólo tiene que decirle a alguien que se reúna con usted abajo».

TÓMESE UN MINIDESCANSO

Pase algún rato tranquilo, de vez en cuando, para refrescarse y recargar baterías durante un día ajetreado, quince minutos, si es posible, pero si no puede permitírselo, tómese diez o incluso cinco.

Diga a todo el mundo: «Necesito estar diez minutos solo. Por favor, no me interrumpan, a menos que se trate de una emergencia». Luego entre en su despacho y no salga de nuevo hasta que haya disfrutado de su minidecanso.

PARTE IV

CÓMO USAR LAS ESTRATEGIAS DE LOS DIRECTORES GENERALES EN SU PROPIO TERRENO

14

Cómo usar las estrategias de los directores generales en su propio terreno

Quizá mientras leía acerca de las estrategias de organización y gestión del tiempo de los ejecutivos que han llegado a lo más alto desde abajo haya observado algunos rasgos comunes en sus historias. Después de estudiar de cerca a una serie de líderes de organizaciones he descubierto que actúan en un terreno mental claramente distintivo cuando se trata de la organización y la gestión del tiempo.

En mi opinión, lo que esos directivos hacen en este terreno diferente —centrarse de verdad en su tiempo, en su proyecto fundamental y continuado— es lo que yo llamo *ejercer influencia*. Empecé a comprender este fenómeno durante una entrevista con un director general en la cual le presioné, repetidas veces, para que describiera sus «tareas». Finalmente, se puso un poco de mal humor y me respondió: «Mire, sólo hago una tarea tradicional: corrijo los borradores de los discursos que me prepara mi redactor de discursos... y eso lo hago sobre todo en el avión. Excepto eso, ninguna tarea».

Su réplica me dejó sin aliento. Por fin lo entendía. Ninguna tarea.

Pero a renglón seguido me dije: «Estos tipos no están ahí sentados viendo crecer las flores. Entonces, si no hacen ninguna tarea, ¿qué hacen exactamente?»

Como pasan prácticamente todo el tiempo con otros, deduje que su trabajo tenía que hacerse, de alguna manera, a través de esos contactos. Al seguirlos arriba y abajo había descubierto, como ya he dicho antes, que esos contactos eran muy libres en su forma: consistían en su mayor parte de recomendaciones, preguntas, observaciones, deseaban recabar la opinión de sus subordinados, entretejidas con alguna charla sobre golf, actividades familiares, etcétera.

Llegué a la conclusión de que lo que los directores generales hacían no era, principalmente, dar órdenes a los demás, sino *influir* en ellos por medio de un contacto constante. Así que me centré en cómo usan su tiempo para gobernar su compañía influyendo en los demás.

Cómo gestionar la influencia*

Dado que «gestionar la influencia» suena bastante retórico, quizá se pregunte cómo se le puede aplicar este concepto a usted. Pero le aseguro que incorporarlo a su jornada laboral, en mayor o menor grado, según prefiera, modificará su perspectiva del tiempo. Para empezar, quiero insistir en que el ejercicio de esa influencia es, que yo sepa, una conducta típica de todos los directores generales que han llegado desde abajo —los que se han abierto camino, peldaño a peldaño, hasta la cima de una gran organización— en todas las empresas y sectores.

¿Cómo puede, si así lo desea, adaptar esta idea de la gestión de la influencia para potenciar su propia productividad?

* Para desarrollar el concepto de «ejercicio de la influencia» he consultado el trabajo de John Kotter en *The general managers*, su clásico de 1982, y el de Andrew S. Grove en *Cómo aumentar el rendimiento de los directivos*, publicado en 1984.

Hacerlo exige un cambio de acento. Mientras que para la mayoría lo más importante es realizar tareas coherentes con unas prioridades definidas, los que han alcanzado la cima y los que están subiendo cambian de acento y lo ponen en influir en los demás. «Influir» en este contexto significa tan sólo ser capaces de modificar ligeramente la actitud o la conducta de alguien —animar, reprender, conseguir un compromiso— por medio de la comunicación, sea cara a cara o por teléfono. (El correo electrónico no cuenta.)

¿Cómo consiguen esos directores tocar tantas teclas en un período de tiempo tan breve?

Como tienen un programa claro en su mente, que suele basarse ante todo en ejecutar el plan estratégico de la compañía, estos directores tienen la capacidad de extraer «valor» de casi cualquier contacto, incluyendo la charla más trivial en el ascensor, para alcanzar dos o tres pequeños objetivos.

CÓMO UN DIRECTOR EJERCIÓ SU INFLUENCIA EN DOS MINUTOS

Es sorprendente cuánta influencia puede ponerse en juego en un corto período de tiempo. John Kotter, en *The general managers,* cuenta una divertida historia que dura ciento veinte segundos de vértigo:

> «Jack Martin», de camino a una reunión, se tropezó con un miembro del personal (que no dependía de él) cerca del ascensor. Aprovechó esta oportunidad y en una conversación de dos minutos (*a*) le hizo dos preguntas y recibió la información que necesitaba; (*b*) ayudó a reforzar su buena relación felicitándolo sinceramente por algo que había hecho recientemente, y (*c*) consiguió que hiciera algo que Jack necesitaba que se hiciera.

El programa mental de Jack lo guió a lo largo de ese encuentro. Le permitió hacer preguntas importantes y presentar una importante petición para que se hiciera algo.

Al mismo tiempo, su relación con aquel miembro de su red le permitió conseguir la cooperación que necesitaba para hacer todo eso muy rápidamente.

En esencia, *los directores generales hacen esto pensando en lo que yo llamo «segmentos temporales de acción»*. Es decir, el «valor» se expresa durante cada «unidad de trabajo» de tiempo. Sin embargo, parece desconcertante. ¿Cómo se puede inyectar valor al tiempo que los ejecutivos dedican a pasear por el vestíbulo y charlar de proyectos pequeños y grandes, así como de cuestiones ajenas al trabajo como los deportes o la familia? Pero ahí está la paradoja: en esos y muchos otros encuentros casuales se genera mucho valor.

Dejemos de lado, hasta la sección final de este capítulo, la lógica que sustenta esta afirmación y empecemos a definir tres características distintivas fundamentales, basadas en el tiempo, que parecen subyacer tras la mentalidad «influyente».

Seguirá un resumen de trece «oportunidades para influir» que le mostrará cómo empezar, hoy mismo, a conseguir múltiples objetivos ejerciendo su influencia simultáneamente en varios frentes.

Tres características distintivas de la gestión del tiempo de los directores generales

1. *El pensamiento concentrado*

Los directores generales practican una intensa concentración —aunque sólo dure un minuto o incluso segundos— en cualquier cosa que hagan. Hasta que han respondido o tomado una decisión, no relajan la atención. A lo largo de este libro, este rasgo ha surgido en numerosos contextos diferentes, incluyendo el TRAF instantáneo, la rápida devolución de llamadas y el mantenimiento de un rumbo firme durante días trufados de incesantes interrupciones. Los «segmentos de diez minutos» flexibles de que hablaba en el contexto de una jornada organizada (vea la página 144) son el resultado de ese pensamiento concentrado, como también lo es el predominio de la concentración en una tarea única sobre la realización de múltiples tareas al mismo tiempo.

Los abundantes contactos en el curso del día —tanto programados como no programados— ofrecen lo que yo llamo un «estallido» de asuntos. *Los directores generales se aseguran de que cada intercambio —tanto si se trata de responder una pregunta o hacer una pausa para devolver una llamada o contestar un e-mail— se convierte en una oportunidad para ampliar su esfera de influencia.*

Piense en el efecto multiplicador. Si tuviera, digamos, diez oportunides para ejercer su influencia cada día, por medio de «interrupciones», eso sumaría 200 al mes y 2.400 al año. En el curso de una carrera, pueden aumentar su influencia dentro de una compañía o en un sector de forma exponencial.

Pruebe a hacer este experimento: Empiece a practicar el pensamiento concentrado cuando se ocupe del papeleo, devuelva llamadas o e-mails, prepare informes o tomése tiempo para responder una pregunta usando todos los instrumentos pertinentes de gestión del tiempo y organización de los ejecutivos. En lugar de caer presa de la tendencia a la realización de múltiples tareas simultáneas, pruebe a centrarse intensamente en lo que tiene entre manos hasta que lo haya resuelto.

Conforme aumente su capacidad para aplicar el zoom a las cosas, pronto verá cómo aumenta, día a día, su fuerza para tomar decisiones y se multiplica el tiempo de que dispone para realizar las tareas esenciales que aumentan su influencia en su propio terreno.

2. Una implacable capacidad de respuesta

Créame, nunca verá que los papeles se amontonen encima de la mesa de un director general. Puede que yo sea especialista en organización y gestión del tiempo, pero confieso que, a veces, debido a los viajes o a los plazos de entrega, los papeles se acumulan en mi mesa un par de días o mi bandeja de entrada pueda crecer en exceso. No es ése el caso de los ejecutivos de alto nivel. Nunca verá una acumulación de dos o tres días en su mesa. Nunca verá una acumulación de diez minutos. Nunca verá una acumulación de ningún tipo.

No hay acumulación porque no hay nada que acumular. La única manera de describir esta capacidad de respuesta es «*implacable*».

Desde luego, según iban ascendiendo puestos en el escalafón, sus secretarias se encargaban de más asuntos, pero puede contar con que tanto si se trataba de un directivo de marcas como del director general, sus reacciones eran las mismas: *¡Resuélvelo! Ahora*. Esta misma actitud impregna la rapidez de sus respuestas —en persona o de otro en su nombre— a las llamadas telefónicas y contactos posteriores.

Fue divertido ver cómo los altos ejecutivos se despojaban del velo de la oficialidad cuando yo planteaba el tema de las mesas limpias. Hablaban como todos nosotros al reaccionar intensamente a esta cuestión de las mesas limpias. Richard Snyder, antiguo presidente de la editorial Simon & Schuster, me dijo que se subía por las paredes cuando veía que algún papel se quedaba en su mesa más de un día. Sólo lo toleraba cuando las circunstancias hacían imposible concluir ese asunto antes.

Como he descubierto, esta implacable reacción —implacable en el sentido de que parece brotar de un imperativo personal inflexible— es otro instrumento clave que impulsa la misión de los ejecutivos para ejercer su influencia. Veamos una situación que demuestra cómo funciona:

Luanne, directora de marketing, deja un informe resumido en una página en la mesa del director general con esta nota encima:

> Jack, para tu información, aquí tienes un interesante resumen de lo que ha averiguado el Consejo de Marketing respecto a la asignación de fondos de marketing en todo el sector y a su impacto.
>
> LUANNE

Como mínimo, sostengo, el director general contestará, puede que por e-mail, para acusar recibo y dar las gracias. De esa manera, da cuenta de la cuestión del respeto debido. Y es muy probable que, suponiendo que la información sea tentadora, este director le pedirá a Luanne que analice el presupuesto de marketing de la compañía con el mismo formato que el del informe del Consejo de Marketing y distribuya el análisis para discutirlo en la reunión de marketing del mes siguiente. Al hacerlo, este director transmite varios mensajes:

Valoración de la información

Comunicación de actitud: Las nuevas ideas y planteamientos son bienvenidos.

Toque de atención: Puede que sea hora de poner al día el marketing mix.

3. «Delegue el 90 por ciento de todo lo que pase por su mesa»

«Desde el instante en que entré por la puerta, he delegado el 90 por ciento de todo lo que pasaba por mi mesa —dice Hicks Waldron, anterior director general de Avon—. Es la única manera de triunfar.»

Les garantizo que prácticamente todos los ejecutivos que llegan a la cima se toman ese consejo muy en serio, por dos razones, una bastante directa, la otra compleja y con un profundo sentido: primero, delegar crea oportunidades para el proyecto fundamental, el de ejercer influencia y, segundo, delegar libera y domina los recursos necesarios para «construir un edificio».

DELEGAR PARA CREAR OPORTUNIDADES PARA «EJERCER INFLUENCIA»

Se trata de una propuesta con doble vertiente: delegar libera tiempo para ejercer influencia y, *además,* crea una plataforma básica para que se produzca esa influencia. Si la tarea primordial de un director general es ejercer influencia, entonces cualquier cosa que lo distraiga de esa tarea debe ser, por definición, reducida o eliminada. Así, «delegar el 90 por ciento de lo que pasa por su mesa» para disponer de tiempo para ejercer influencia es algo inherente al cargo.

Por añadidura, todos los encuentros necesarios en el propio proceso de delegación —estudiar las tareas, establecer contactos cortos, poner al día, seguir el curso de algo— por sí mismo proporcionan una plataforma de mayor importancia, quizá la de más importancia, para las muy diversas ocasiones propicias para ejercer esa misma influencia.

DELEGAR PARA LIBERAR RECURSOS A FIN DE CONSTRUIR UN EDIFICIO

En las entrevistas publicadas de directores generales que han subido desde abajo, una palabra recurrente es «construir»: «construir un negocio», «construir nuestra credibilidad», «construir nuestras reservas», «construir una red de liderazgo».

Los materiales que los ejecutivos usan para construir sus empresas son los conocimientos, la energía y la motivación de otras personas. Por lo tanto, liberar, dominar y movilizar esos conocimientos y esa energía por medio de la delegación —no sólo delegar tareas, sino también responsabilidades y objetivos amplios— se convierte en una habilidad distintiva de los ejecutivos triunfadores de cualquier nivel.

En su libro *Execution* Larry Bossidy afirma: «Es fácil detectar a las personas activas observando sus hábitos de trabajo. Son aquellas que vigorizan a los demás, que son decisivas en los asuntos difíciles, *consiguen hacer cosas por medio de otros* (las cursivas son mías) y completan las tareas como si de una segunda naturaleza se tratara».

¿Cómo se puede delegar con más eficacia?

1. *Recuerde claramente sus prioridades,* tanto si se trata de prioridades en las tareas como temas prioritarios.
2. *Busque tareas y ocasiones para llevar a cabo esas prioridades a través de otros.*
3. *Haga revisiones regulares.* Hable de las cosas en reuniones programadas, por lo menos cada quince días. También son aconsejables las revisiones trimestrales para «ver el panorama completo».
4. *Contactos casuales o gestión por paseo (MBWA)* «¿Qué tal va todo?» «¿Puedo echarte una mano en algo?»; una cantidad generosa de tiempo de puertas abiertas para contestar preguntas y resolver conflictos. Todo esto es esencial.

5. *Seguimiento, seguimiento, seguimiento*: algo que debería ser tan natural como respirar.

Teodoro Benavides ha reflexionado mucho sobre cómo conseguir que funcione el sistema de «seguimiento» con el personal. Ha descrito su estrategia de la siguiente manera: «Hago listas. No los incordiaré continuamente. Pero ellos saben que me acuerdo. Luego, de vez en cuando, pregunto: "¿Recuerda que le pregunté sobre este asunto? Y ya hace tres semanas de eso". Soy del tipo que "confía" cosas a los demás. Y no suelto presa. Lo que nadie querrá es que me meta en sus asuntos. Si me meto en sus asuntos, está usted en apuros».

Benavides introduce sus listas de cosas delegadas en el ordenador: el nombre de la persona, el proyecto, cuándo se lo pasó a esa persona y cuándo se realizó. Dice: «Saco esas listas al final del año y tienen mucho peso en las revisiones del rendimiento de mi personal».

CÓMO EMPAREJAR A CADA PERSONA CON SUS PUNTOS FUERTES... Y ESO LE INCLUYE A USTED

Para tener éxito, alguien que delega con eficacia debe descubrir las virtudes únicas de sus empleados más que formarlos para que encajen.

Akio Morita, fundador de Sony, insta a los directores a no formar a los nuevos empleados para que encajen en el molde, sino a estudiarlos, averiguar cuáles son sus puntos fuertes y hacer el mejor uso de sus habilidades.

Por ejemplo, si uno de los miembros de su personal es atractivamente campechano, encárguele las tareas que exploten ese rasgo.

Como observaba Morita en su autobiografía, *Made in Japan*, un director eficaz «tiene que combinar (a los empleados) del mejor modo posible, igual que un maestro albañil construye una pared. A veces, las piedras son redondas, otras, cuadradas... hay que averiguar cómo ensamblarlas...»

Tome ejemplo de Kent Crawford, de PM Solutions, que aplicó ese planteamiento a *sus propias* cualidades: «Lo más importante para mí, personalmente —estrategia, fijación de objetivos y dirección estratégica— son los campos en que soy, personalmente, más eficaz y en los cuales mi tiempo es más rentable. Luego trabajo para convencer a mis ejecutivos, para que pongan todo eso en práctica y llevarlo a buen término».

Tómese tiempo para pensar en cuáles son sus mejores cartas y trate de centrarse en ellas y, siempre que sea posible, delegar a los demás las tareas que exigen cualidades diferentes.

Se reúne con su plana mayor, individualmente, durante una hora cada dos semanas y puede que saque la lista, sin esperar a que acabe el año. Puede que diga: «Vaya, estoy impresionado de lo rápido que ha realizado esa tarea» o «Mire, ese proyecto le costó demasiado». También vigila la carga de trabajo, con cuidado de no abusar de los empleados demasiado entusiastas que no dejan de decir: «¡Deme más cosas!» A veces cambia la persona que se encarga de los proyectos o amplía el plazo de entrega, si es posible, cuando cree que alguien está sobrecargado de trabajo.

Bossidy insiste en que esta clase de delegación vigilante no tiene nada que ver con la «microgestión». En ésta se interfiere un nivel inadecuado de detalle en los medios y técnicas que sus subordinados directos usan para realizar sus tareas.

La delegación vigilante es más parecida a navegar: ¿Vamos en la dirección correcta? ¿Hay bancos de arena o rápidos que tendremos que salvar? ¿Qué problemas están surgiendo y cómo podemos abordarlos y solucionarlos? ¿Qué oportunidades de desarrollo hay?

Al nivel de los altos ejecutivos, delegar un 90 por ciento de lo que pasa por su mesa no significa librarse de ello. En cierto sentido, significa convertirse en jardinero: aclarar, conducir, gestionar, pilotar, liberar los conocimientos, la energía y las cualidades de liderazgo de los demás para dirigirlas hacia objetivos comunes.

Auditoría de la delegación

Antes de decidir quedarse una tarea para usted, pregúntese si tendría que asignarla a otro o no. Delegue las siguientes tareas:

- Tareas no relacionadas con sus mejores cualidades.
- Tareas no acordes con su actual nivel.
- Tareas que no correspondan a lo que signifique para usted una alta rentabilidad.
- Tareas que un empleado con menos experiencia puede hacer ahora o después de prepararlo para ello.
- Tareas que encajen en la especialidad de otra persona, tanto si se trata de alguien de la casa como de un consultor externo.

Consejo práctico: Identifique las tareas repetitivas (peticiones de material, información, precios, etc.) que puedan asignarse de forma permanente a otro lugar.

Además, olvidamos que con frecuencia se pueden encargar o compartir partes de una tarea:

- *Borradores:* Dé ideas a otra persona para que redacte el borrador del informe.
- *Corregir/revisar:* Esboce un informe, memorando o folleto en borrador para que otra persona lo corrija, revise o pula.

- *Resumir:* Pida a sus empleados que resuman los informes largos y señalen materiales que puedan interesarle.
- *Preparar recomendaciones:* Sus empleados deberían presentarle propuestas y problemas, junto con sus soluciones y recomendaciones.
- *Hacer estudios, reunir información general:* Reunir datos de respaldo, como estadísticas, documentación e historia. Por ejemplo, un abogado que reabrió un caso antiguo pidió a sus pasantes que hicieran una lista de los materiales archivados previamente para que pudiera indicarles lo que necesitaba y así no tener que revisar personalmente todos los archivos.

Cómo delegar cuando no se tiene nadie en quién delegar

¿Todavía no cuenta con el personal necesario para delegar el 90 por ciento de sus tareas? Pase a otra opción: delegue tareas onerosas o que implican pérdida de tiempo al cubo de basura de la historia. Elimínelas, asóciese con otros o muévalas a otra casilla del tablero para que encajen en las cualidades de otras personas.

Las viejas costumbres no se pierden fácilmente. Por lo tanto, para poner este análisis en marcha, anote, durante una semana, todas sus tareas, desde las básicas del TRAF hasta las hojas de cálculo o los informes más complejos. Luego ocúpese de su lista de la siguiente manera:

Eliminar. ¿Hay tareas que usted realiza normalmente que no causarían daño alguno al mundo si las eliminara, quizá la tercera lectura de pruebas de un documento o un informe que usted prepara y nadie usa? Si puede elegir a discreción, deje de hacer esa tarea y compruebe los resultados al cabo de una semana, más o menos. Si nadie se ha dado cuenta, entonces se acabó.

Cuando crea que no puede eliminar una tarea por sí mismo, pruebe a presentarle el caso a su jefe. Un director de marketing fue a ver a su jefe y le dijo: «Rob, me preguntaba si crees que preparar el informe tal y cual cada semana es la forma más productiva de usar mi tiempo? ¿Lo consultas? Te lo digo porque nadie, ni tú ni otros, me ha preguntado nunca nada».

Como era de esperar, Rob admitió que el informe se había convertido en parte del papel de las paredes y lo eliminaron.

Formar equipo. En la página 206 he descrito cómo un especialista en las fluctuaciones monetarias de Extremo Oriente, que estaba preparando un informe, consultó con un colega con experiencia en Asia. Esto se llama «formar equipo». Hay muchas ocasiones legítimas para consultar con compañeros para que un proyecto sea más rico y completo. Además, como trabajar con otros de forma colegiada suele ser más satisfactorio, moviliza sus energías y potencia así su eficacia.

«El tablero de ajedrez». También tenemos las tareas obligatorias que usted encuentra aburridas, pesadas o que le causan mucha tensión. Puede ocurrir, sencillamente, que no las haga bien. Pero, ¿sabe?, en algún lugar de este mundo hay alguien para quien esa tarea que usted detesta es un divertido juego de niños. Y a lo mejor, esa persona está sentada en la mesa de al lado.

Piense en un tablero de aptitudes —las suyas y las de sus colegas—, cuyo objeto sea mover las tareas desde donde se realizan de forma menos hábil y con menos disfrute a otro sitio donde se llevan a cabo mejor.

Por ejemplo, Ellen, una ejecutiva del sector de distribución al por menor que odiaba ocuparse del TRAF y siempre se retrasaba con el papeleo y los e-mails, le pidió a Sam, un compañero, que revisara el material que entraba cada día sólo para asegurarse de que, cuando estaba fuera en un viaje de compras a Extremo Oriente, no surgía algo de lo que tenía que estar enterada. Para Sam esto no era nada, así que cuando volvió, en lugar de enfrentarse a la montaña que temía, se encontró con que sólo había unas cuantas cosas que Sam creía que tenía que ver personalmente y una lista de personas entre quienes había distribuido diversos asuntos.

¡Vaya tipo estupendo! Ellen le pidió de inmediato que fuera su «jefe de personal» y ella a cambio le haría alguna tarea pesada para él... y funcionó.

¿Qué beneficio hay aquí con relación a la gestión del tiempo, dado que no se eliminó ninguna tarea y todavía había que dedicar tiempo a hacerlas todas? Ésta es la Ley número nueve de la organización.

LEY NÚMERO 9 DE LA ORGANIZACIÓN
Aumente la productividad con proyectos que capten su interés y aprovechen su energía

MANEJAR AL JEFE

Mantener siempre informado al jefe y reconocer su manera personal de hacer las cosas es la otra cara de la moneda para delegar con éxito. El consejo que Ted Benavides da a los directivos de cualquier nivel es: «Yo siempre encontraría tiempo para mantener a mis jefes informados de lo que está pasando, porque detestan las sorpresas. Además, también averiguaría cuál es la mejor manera de hacerles llegar esa información».

Por ejemplo, Benavides describía que a él, personalmente, le gusta que le envíen un e-mail en el que se detallen por adelantado los principales puntos de los que quieren hablar. «Si su jefe es esa clase de persona, avísele con antelación. En cambio, hay otros jefes que pensarían que un e-mail de ese tipo es una molestia y un estorbo.»

Una directora ejecutiva cuenta que constantemente bombardeaba a su editor con e-mails con preguntas o notas, pero no recibía ninguna respuesta, mientras que cuando le dejaba un mensaje telefónico, siempre le devolvía la llamada sin demora. Finalmente le preguntó: «¿Prefiere el teléfono al e-mail?» La respuesta fue: «¡Ah, sí!» Era casi como si el editor no se hubiera dado cuenta de esa preferencia hasta que se lo preguntaron.

Vale la pena tratar de evaluar las preferencias de su supervisor en cuanto a maneras de llevar las cosas.

Subir de nivel. El arco de posibilidades de un ejecutivo

Trece oportunidades para influir

Si empieza a integrar las tres principales características distintivas de la gestión del tiempo de un director general —pensamiento concentrado, reacción inmediata a todos los documentos, llamadas, etc., y delegación intensa combinada con una constante vigilancia y seguimiento— descubrirá nuevas oportunidades para ejercer la influencia dentro de su propio ámbito de trabajo cada día.

Si tiene un proyecto preferido, menciónelo con frecuencia sin darle importancia. En cada encuentro, sin importar lo corto que sea, si actúa sobre por lo menos dos de las trece opciones que describimos más abajo, ampliará enormemente su influencia y multiplicará su productividad, igual que un director general.

Busque oportunidades para ampliar sus relaciones. Por ejemplo, como he mencionado antes, una directora de marketing se encarga de llevar a mano los documentos al departamento de publicidad para tener contacto con, por lo menos, tres o cuatro personas por el camino. Katharine Graham, cuando bajaba a la sala de redacción para ver al redactor jefe, aprovechaba la ocasión para hablar brevemente con, por lo menos, cinco o seis personas por el camino. Según ella: «Si una persona está ocupada, eso me da la oportunidad de saludar a alguien con quien no he hablado desde hace tiempo».

Otra forma fácil e informal de seguir en contacto con todos sus compañeros es elegir una ruta diferente cada vez que se mueva por el edificio. Así multiplicará las oportunidades de tener una conversación fortuita, de pasillo. Recuerde, no trate de presionar ni forzar nada. No es su intención manipular a nadie. Sólo ofrece un poco de su propia energía. Casi todos estos encuentros son informales. Es el efecto acumulado lo que proporciona un gran poder.

Ahora, en esta sección final del libro, para darle un impulso en el proceso de aprender cómo ejercer influencia, describiré algunos ejemplos prácticos sobre cómo alcanzar un efecto multiplicador de la influencia en diversos aspectos de su trabajo cotidiano.

Los contactos que propongo pertenecen a trece categorías, varias de las cuales fueron creadas por Andrew S. Grove para su libro *Cómo aumentar el rendimiento de los directivos*; otras las he ideado yo basándome en mi intenso estudio de los directores generales.

Juntas proporcionan innumerables oportunidades para ejercer influencia. Si en el curso de una semana se producen cien contactos breves y miles a lo largo de los meses y los años, entonces ha puesto en marcha una fuerza poderosa, un proceso de influir en los otros que, con el tiempo, tendrá un enorme efecto de palanca que lo catapultará a lo más alto.

TRECE OPORTUNIDADES PARA INFLUIR

Oportunidades para influir	Comentarios
Reforzar lazos y obligaciones	El presidente de una gran compañía llama personalmente a un director general para pedirle una copia de un informe. La petición no es significativa, pero el contacto sí. Podría decirse que mantener la red de contactos en buen estado es una «prioridad en la sombra», una situación en la que el *propio* contacto es la prioridad, independientemente del contexto de la llamada o la visita. *Para adaptar este programa clave:* Llame a alguien, de dentro o de fuera, cuya relación considera valiosa. Pídale un informe o solicite su consejo sobre un asunto particular. Reforzará su relación, independientemente de su necesidad real del informe o el consejo.
Recibir y dar información	Jon Hanson, presidente de The Hampshire Companies, una firma de inversiones en bienes raíces de Nueva Jersey, dice: «Dedicar una vez al mes sólo cinco minutos de mi tiempo (para preguntar por el servicio al cliente y la solución de problemas), me permite... un poco palpar el ambiente... saber lo que está pasando». Barbara Ley Toffler, hablando de su libro *Final accounting*, que describe el hundimiento de Arthur Andersen, dice: «Una de las cosas más importantes que tiene que comprender cualquier líder es el dicho: "Conoce lo que debes conocer". Los líderes de las organizaciones

Oportunidades para influir	Comentarios
	deberían hacer todos los esfuerzos posibles para conseguir toda la información, aunque no quieran oírla». *Para adaptar este programa clave:* Anote un recordatorio en su agenda para dedicar cinco minutos cada mes a pasar a ver a un compañero fundamental —digamos en TIC— sólo para averiguar qué está pasando en su campo. Quizá se entere de tendencias o establezca una conexión que podría ser inmensamente útil si se mete en un atolladero. En general, como dice Toffler: «Conoce lo que debes conocer».
Haga hincapié en desarrollar ideas, en lugar de originarlas	Lee Iacocca dice en su autobiografía: «La mejor manera de desarrollar ideas es por medio del contacto con los compañeros directores... sólo para charlar de esto y aquello, para ayudarse mutuamente y para solucionar problemas». Lo que se exige a un ejecutivo no es tanto originar ideas como establecer un ambiente en el cual prospere el debate y guiar a los miembros del equipo para que sus energías creativas se concentren productivamente. *Para adaptar este programa clave:* Proponga reuniones informales, de forma regular, con sus compañeros, para intercambiar ideas, sólo para dar vueltas a esos grandes temas que nunca parecen tener tiempo de estudiar. Eche a rodar la bola de la creatividad lanzando una idea propia.

(Continúa en página siguiente)

Oportunidades para influir	Comentarios
Expresar claramente una visión	El genio de un gran ejecutivo es expresar claramente una visión, recabando y fusionando todas las ideas y aportaciones de su equipo. *Para adaptar este programa clave:* Si su departamento no tiene una declaración de misión, hable con sus compañeros, de forma no oficial, sobre cómo perciben esa misión. Puede ofrecerse para ayudar a redactar una con las informaciones aportadas por sus compañeros. La dirección tendrá una idea más clara de lo que su departamento ve como su visión dentro de la compañía, lo cual ayudará a todo el mundo a definir sus objetivos con más claridad.
Influya y déjese influir	John Reed, cuando estaba en Citicorp, comentó: «Ejercen influencia en mí. Tratan de captarme y empujarme en una dirección determinada y eso forma parte de mi trabajo, estar disponible para eso. Y mis opiniones cambian». *Para adaptar este programa clave:* Si tiene una idea que cree que vale la pena estudiar, ejerza su influencia en sus colegas (con amabilidad y humor) y en su jefe para defenderla. Del mismo modo, anime a su personal a ejercer su influencia en usted —defender su punto de vista— con ideas nuevas.
Salga de reconocimiento. Detecte los posibles problemas y el descontento	Un ejecutivo de Citicorp, hablando del sutil estilo de reconocimiento del director general retirado de la empresa, Walter Wriston, decía que éste siempre: «Aguza el oído, alerta a situaciones...

Oportunidades para influir	Comentarios
	que quizá no salían a la superficie en el día a día de la información recogida por la dirección... Detecta las disensiones o diferencias de opinión y las incorpora en su valoración total». *Para adaptar esta agenda clave:* Manténgase atento durante el curso general de las reuniones o charlas informales en torno a la máquina del café. Si su instinto le dice que algo no va bien o se sale de lo normal, preste mucha atención a lo que oye para poderlo tener en cuenta en su propio trabajo o a la hora de tomar decisiones.
Un toque de atención	Hay todavía muchas cosas que un directivo puede hacer para influir en un compañero: llamarlo por teléfono para sugerir una forma determinada de abordar una decisión, enviar una nota con su propio punto de vista sobre una situación concreta o hacer un comentario durante una reunión. Como dice Andrew Grove, en *Cómo aumentar el rendimiento de los directivos*: En esos casos tal vez defienda la línea de conducta que prefiere, pero no está dando instrucciones ni órdenes. Sin embargo, hace algo con más fuerza que limitarse a transmitir información. Llamémoslo «toque de atención» porque al hacerlo empuja a una persona o una reunión en la dirección que le gustaría. Es una actividad gerencial muy importante. Por cada decisión carente de ambigüedad que

(Continúa en página siguiente)

Oportunidades para influir	Comentarios
	tomamos, probablemente damos una docena de toques de atención... También puedo influir en los grupos que no están bajo mi supervisión directa haciendo observaciones a quienes los dirigen. *Para adaptar este programa clave:* Si tiene un proyecto que no va a ninguna parte, pruebe a «dar un toque» a los actores clave, enviando un artículo donde se explique cómo otra compañía llevó esa idea a la práctica con éxito. O cuando alguien dé un paso positivo, envíele un *e-mail* con un comentario estimulante y haga llegar copias a todo el mundo, lo cual transmite el mensaje de que sus esfuerzos se aprecian y se recompensarán.
Actúe como modelo	«Los valores y las normas de conducta... se transmiten de forma muy efectiva poniéndolas en práctica de forma visible.» Así, la forma en que un director comparte información y autoridad, con juego limpio, su estilo al tomar decisiones, su ética, todo tiene un efecto en los subordinados directos, al modelar el propio estilo de éstos, y luego en toda la organización. *Para adaptar este programa clave:* Si últimamente el comportamiento ético ha sido tema de discusión en su compañía, demuestre su propio compromiso ético mostrando que siempre cumple su palabra en los tratos con sus empleados, compañeros y clientes.

Oportunidades para influir	Comentarios
Ofrezca ayuda personal Refuerce los lazos	Haga elogios sinceros. Refuerce los lazos haciendo alguna broma o charlando. *Para adaptar este programa clave:* Tómese unos minutos cada semana para preguntar a la gente qué piensa hacer aquel fin de semana o durante las vacaciones, lo cual evidencia interés en ellos como seres humanos.
Proponga una corrección o incluso reprenda	Si algo no funciona, proponga: «¿Por qué no prueba...?» o «¿Sabe?, en International Widget consiguieron buenos resultados con...» o incluso «En esta ocasión, le has fallado al equipo, Joe». *Para adaptar este programa clave:* Si alguien de su equipo de trabajo tiene problemas para completar su parte de la tarea, ofrézcase a escuchar y propóngale otra fuente a la que acudir en busca de ayuda.
Facilite, elimine problemas, controle los plazos	Pregunte: «¿Qué hay de nuevo en ese proyecto? ¿Hay algo en que pueda serles útil?» *Para adaptar este programa clave:* Encuentre el equilibrio entre volver loco a todo el mundo, ejerciendo una presión excesiva, y ser una presencia permamente que sirve de respaldo.
Impulse la acción	John Kotter, en su libro *The general managers*, al referirse a una joven ejecutiva en ascenso, dice que era consciente de la necesidad de establecer contactos, «saber qué era preciso hacer y a través de quién tenía que actuar para que se hiciera».

(Continúa en página siguiente)

Oportunidades para influir	Comentarios
	Para adaptar este programa clave: Primero pregúntese: «¿Qué es necesario hacer para sacar adelante este proyecto?» Por ejemplo, tal vez tenga que conseguir la aceptación de personas que no son sus aliados naturales. Luego pregúntese: «¿Con quién necesito trabajar para conseguir que se haga?» Allane el camino consultando, por adelantado, a la persona más influyente del grupo.
Recabe la opinión de los demás	Un estudio sobre directores generales fracasados, realizado por el consultor Ram Charan, mostraba que un rasgo clave de los ejecutivos triunfadores era la fuerza emocional de exigir *feedback* sobre la actuación de sus subordinados clave y de ellos mismos. Un ejecutivo bien conocido por pedir esas opiniones era el anterior alcalde de la ciudad de Nueva York, Edward I. Koch, quien preguntaba constantemente: «¿Qué tal lo hago?» *Para adaptar este programa clave:* Si su empresa no realiza supervisiones entre compañeros, propóngalo como medio de conseguir *feedback* sobre cómo lo están haciendo, realmente, usted mismo y todos los demás. También puede llevar a cabo la autopsia de un proyecto con los miembros del equipo, para darles ocasión de comentar indirectamente qué —y quién— hizo que ese proyecto fuera un éxito o un fracaso.

El resultado final de esta forma única de ejercer influencia es una técnica de gestión del tiempo muy distintiva que se caracteriza por intercambiar muchos, muchísimos breves contactos a lo largo del día, cada uno una ocasión para influir y ser influido. Estos contactos son una de las principales razones de que los ejecutivos de éxito puedan «multiplicar» el tiempo y alcanzar niveles de realización exponenciales.

Lo bueno es que la idea de ejercer influencia también se puede aplicar a usted, independientemente del lugar que ocupe en el escalafón jerárquico. Incluso si estos comportamientos de los directores generales no son algo instintivo, tiene la opción de modificarlos o adaptarlos... igual que en cualquiera y en todas las técnicas de organización y gestión del tiempo expuestas a lo largo del libro.

Con estas tácticas puede actuar como director general en su propio terreno. Puede funcionar con la misma eficacia que los altos ejecutivos y construir su esfera de influencia.

Incluso si su objetivo no es la sala de juntas, elevará y explotará al máximo su productividad aplicando algunas de estas técnicas. Por lo menos, experimentará la magia de «multiplicar el tiempo». ¿Y quién no desea que el día tenga más horas?

Las nueve leyes de la organización

1. Ocúpese de inmediato de todos los papeles y e-mails, personalmente o por medio de un ayudante.
2. Tome auténticas decisiones, aunque tenga que revisarlas más tarde.
3. La clave de la organización es un seguimiento a toda prueba.
4. No use nunca el correo electrónico cuando una conversación sea más eficaz.
5. Devuelva todas las llamadas antes de veinticuatro horas, personalmente o por medio de un empleado.
6. Aumente su poder y su productividad gestionando, y no tratando de controlar, la variabilidad de la jornada.
7. Exija una hora de tiempo para ocuparse de sus prioridades cada día.
8. Siembre sus tareas habituales a lo largo del día, en lugar de reservarles bloques fijos de tiempo.
9. Aumente la productividad con proyectos que capten su interés y aprovechen su energía.

Bibliografía

Libros y artículos

Allen, David, «Work smarter, not harder. Roadmap to success», en *Fast Company,* 1998.

——, *Organízate con eficacia: máxima productividad personal sin estrés*, Empresa Activa, Barcelona, 2002.

Baldoni, John, *Personal leadership. Taking control of your worklife,* Elsewhere Press, Rochester, Michigan, 2001.

Beardsley, David, «Don't manage time, manage yourself», en *Fast Company,* abril/mayo, 1998.

Bodow Steve, «Microsofter», *en The New York Times Magazine,* 24 de noviembre de 2002.

Bossidy, Larry, y Charan, Ram, *Execution. The discipline of getting things done,* Crown Business, Nueva York, 2002.

Botkin, James W., *Smart business. How knowledge communities can revolutionize your company,* Free Press, Nueva York, 1999.

Calonius, Erik, «How top managers manage their time», en *Fortune,* 4 de junio de 1990.

Chadderdon, Lisa, «Merrill Lynch works... at home», en *Fast Company,* abril/mayo, 1998.

Charan, Ran, y Colvin, Geoffrey, «Why CEOs fail», en *Fortune,* 21 de junio de 1999.

Ciancutti, Arky, y Steding, Thomas L., *Built on trust*, Contemporary Publishing, Nueva York, 2000.

Collins, Eliza G. C., ed., *Executive success. Making it in management* (colección de artículos publicados en *Harvard Business Review*, John Wiley & Sons, Inc., Nueva York, 1983.

Collins, Jim, *Good to great. Why some companies make the leap... and others don't,* HarperBusiness, Nueva York, 2001.

Cooper, Kenneth, *Regaining the power of youth at any age,* Thomas Nelson Publishers, Nashville, Tennessee, 1999.

Covey, Stephen R., *Los 7 hábitos de la gente altamente efectiva*, Paidós, Barcelona, 1996.

Deutschman, Alan, «The CEO's secret of managing time», en *Fortune*, 1 de junio de 1992.

Drucker, Peter F., *El ejecutivo eficaz*, Edhasa, Barcelona, 1993.

Erdman, Andrew, «Secrets of great second bananas», en *Fortune*, 6 de mayo de 1991.

Field, Anne, «Attention deficit is in the office, too», en *The New York Times*, 22 de septiembre de 2002.

Fox, Jeffrey J., *Cómo llegar a director general: reglas para ascender a la cima de cualquier organización*. Gestión 2000, Barcelona, 1999.

Gates, Bill, *Business @ the speed of thought*, Warner Books, Nueva York, 2000.

Goldsmith, Marshall, y Belasco, James, eds., *Leading authorities on business*, Leading Authorities, Washington D. C., 2002.

Grove, Andrew, *Cómo aumentar el rendimiento de los directivos*, Plaza & Janés, Barcelona, 1984.

Hannon, Kerry, «Beat the Time Church... and take a vacation», en *YourCompany-Forecast 1997*.

Harvard Business Review, *Interviews with CEOs*, Harvard Business School Press, Boston, 2000.

Helgesen, Sally, *The web of inclusion*, Currency/Doubleday, Nueva York, 1995.

Hymowitz, Carol, «In the lead», en *The Wall Street Journal*, 29 de diciembre de 1998.

Iacocca, Lee y Novak, William, *Iacocca: autobiografía de un triunfador*, Grijalbo, Barcelona, 1992.

Johnson, Spencer, *El presente*, Aguilar, Barcelona, 2004.

Kahaner, Larry, *Competitive intelligence*, Touchstone/Simon & Schuster, Nueva York, 1998.

Kaye, Steve, *The manager's pocket guide to effective meetings*, HRD Press, Amherst, Massachusetts, 1999.

Kocar, Joy Soto, «Managing time with database», en *The HP Palmtop Paper*, www.palmtoppaper.com, septiembre/octubre de 1996.

Kotter, John P., *The general managers*, The Free Press, Nueva York, 1982.

Kriegel, Robert J., *How to succeed in business without working so damn hard,* Warner Business Books, Nueva York, 2002.

Lakein, Alan, *Cómo tomar el control de tu tiempo y de tu vida*, Bestseller Ediciones, Elche, 2000.

Lamott, Anne, *Bird by bird,* Random House, Nueva York, 1994.

Latour, Almar, «Electrolux CEO fits future in the palm of his hand», en *The Wall Street Journal,* 18 de junio de 1999.

Mackenzie, Alec, *The time trap. How to get more done in less time* (ed. rev.), AMACOM, Nueva York, 1999.

Mintzberg, Henry, *La naturaleza del trabajo directivo*, Ariel, Barcelona, 1983.

Morita, Akio, *Made in Japan*, Versal, Barcelona, 1987.

Nilson, Carolyn, *More team games for trainers*, McGraw-Hill, Nueva York, 1997.

Noble, Sara F., ed., *301 great management ideas from America's most innovative small companies,* Inc. Publications, Boston, 1995.

Ong, Laureen con Abby Ellin, «Purposeful exploration», en *The New York Times,* 27 de abril de 2003.

Overholt, Alison, «The art of multitasking», en *Fast Company,* octubre de 2002.

Peters, Tom, *El círculo de la innovación*, Deusto, Barcelona, 1998.

Pickering, Peg, *How to make the most of your workday,* The Career Press, Franklin Lakes, Nueva Jersey, 2001.

Rogers, George D., artículo sobre John D. Rockefeller, en *Saturday Evening Post,* 30 de julio de 1921.

Schwab, Charles R., *Charles Schwab's guide to financial independence,* Three Rivers Press, Nueva York, 1998.

Stein, Murray S., y Walker, John R., *Triumph over shyness,* McGraw Hill, Nueva York, 2001.

Stewart, Martha (entrevista literal), «At the desk of Martha Stewart», en *Business 2.0,* junio de 2002.

Sutton, Gary, *The six-month fix. Adventures in rescuing failing companies*, John Wiley & Sons, Nueva York, 2001.

Toffler, Barbara Ley, *Final accounting. Ambition, greed and the fall of Arthur Andersen,* Broadway, Nueva York, 2003.

Welch, Jack, con Byrne, John A., *Hablando claro*, Ediciones B, Barcelona, 2002.

White, Shira P., *New ideas about new ideas,* Perseus Books, Cambridge, 2002.

Winston, Stephanie, *El directivo organizado*, Folio, Barcelona, 1987.

Worthy, Ford S., «How CEOs manage their time», en *Fortune,* 18 de enero de 1988.

Autor no citado, «Style and Substance», en *Forbes,* 15 de junio de 1987.

Autor no citado, «How early do you have to get up to swim with the sharks?», en *The New York Times,* 13 de julio de 1997.

Publicaciones periódicas

The Baltimore Sun, Book Marketing Update, The Boston Globe, Bottom Line/Personal, Business Week, CIO (Chief information officer) Magazine, Communications Briefings (boletín informativo), www.darwinmag.com, *Fast Company, Inc., The New York Times, The Organized Executive* (boletín informativo), *Personal Excellence* (boletín informativo), *The Wall Street Journal.*

Ejecutivos participantes

Los ejecutivos que aparecen a continuación me ofrecieron amablemente su tiempo y sus conocimientos de la organización y la gestión de los ejecutivos, de los cuales nació *Organizados para triunfar.* Muchas gracias por su generosidad y su atenta preocupación por traducir su experiencia a una estructura que pudiera ser útil a los demás.

Larry Alterwitz. Director General de Walker Furniture Company, Las Vegas, Nevada.

Mary Rudie Barneby. UBS Warburg, Nueva York.

Dennis Bass. Director adjunto del Center for Science in the Public Interest, Washington D. C.

Teodoro J. Benavides. Administrador de la ciudad de Dallas, Dallas, Texas.

William J. Bratton. Jefe de Policía del Departamento de Policía de Los Angeles, Los Angeles, California.

Gaston Caperton. Presidente del College Board, Nueva York. Anteriormente, gobernador de Virginia Occidental.

Akira Chiba. Presidente de Pokémon USA, Inc., Nueva York.

Terry Conrad. Director general de Merz Pharmaceuticals USA, Greensboro, Carolina del Norte.

Luke Corbett. Presidente y director general de The Kerr-McGee Company, ciudad de Oklahoma.

J. Kent Crawford. Director general de PM Solutions (empresa de investigación, formación y consultoría de gestión), Haverton, Pensilvania.

John Curley. Presidente y director general (retirado) de Gannett, Arlington, Virginia.

Faye Davis. Vicepresidenta de Sprint-Enterprise Property Services, Overland Park, Kansas.

William G. Dugan. Editor, Briefings Publishing Group, Alexandria, Virginia.

Martin Edelston. Presidente y fundador de Boardroom, Inc., Stamford, Connecticut.

Jenette E. Fetzner. Vicepresidenta/Cuentas nacionales, CIGNA, Hartford, Connecticut.

Julie Flagg, doctora. Doctora gerente de una consulta formada por varios médicos, Wesleyan, Connecticut.

Jack Gallaway. Presidente y director general (retirado) de Isle of Capri Casinos, Biloxi, Mississippi.

Verna Gibson. Antigua presidenta y directora general de The Limited Stores, Columbus, Ohio.

Robert J. Giordano. Presidente y director general de MRB Investor Relations, Nueva York.

Ronald Goldsberry. Presidente de OnStation Corporation (empresa proveedora de tecnología de canales basada en Internet), San Mateo, California.

Katharine Graham. Presidenta (difunta), The Washington Post Companies, Washington DC.

Carol Gregor. Vicepresidenta adjunta/Cuentas nacionales de CIGNA, Hartford, Connecticut.

Jon Hanson. Presidente de Hampshire Companies (empresa de inversiones en bienes raíces), Morriston, Nueva Jersey. Anteriormente estuvo al frente de las Meadowlands, nombrado por el anterior gobernador de Nueva Jersey, Thoman Kean.

Idit Harel. Directora general de MaMaMedia (un sitio *web* interactivo para niños y familias), Nueva York.

Robert Hemenway. Rector de la Universidad de Kansas, en Lawrence.

Karen Horn. Directora gerente, Marsh Private Client Services (filial de Marsh&McLennan), Nueva York.

Sandra Kresch. Consultora independiente especializada en cambio estratégico. Anterioremente socia de Booz Allen & Hamilton, Nueva York.

Brian Kurtz. Vicepresidente ejecutivo, Boardroom, Inc., Stamford, Connecticut.

Nancy L. Lane. Vicepresidenta de relaciones comunitarias (retirada) de Johnson & Johnson, New Brunswick, Nueva Jersey.

Leonard A. Lauder. Presidente de The Estée Lauder Companies, Inc., Nueva York.

Arthur Levitt. Presidente de la Comisión Nacional del Mercado de Valores durante el gobierno de Clinton.

John Tepper Marlin. Jefe de economistas, Departamento de Hacienda, ciudad de Nueva York.

James M. Morris II. Presidente y director general de Signator Financial Network (afiliada de John Hancock Life Insurance Company), Boston, Massachusetts.

Karen A. Page. Presidenta de la Asociación de antiguas alumnas de la Universidad de Harvard.

George Pickett, doctor. Director médico del Instituto de Medicina de Virgina occidental. Anterior presidente de la American Public Health Association.

Leeanne Probst-Engels. Vicepresidenta adjunta de cuentas nacionales, CIGNA, Hartford, Connecticut.

Gerard R. Roche. Presidente primero de Heidrick & Struggles, Inc., Nueva York.

Richard Snyder. Anterior presidente y director general de Simon & Schuster, Inc. Nueva York.

Peter Vandevanter. Vicepresidente de la división de nuevas empresas de Knight-Ridder, Charlotte, Carolina del Norte.

Joseph Vittoria. Presidente de ResortQuest International, Inc. (empresa de gestión de propiedades de alquiler para vacaciones), Destin, Florida. Anteriormente, presidente y director general de Avis, Inc., Garden City, Nueva York.

Jeanette Sarkisian Wagner. Vicepresidenta (retirada) de The Estée Lauder Companies, Inc., Nueva York.

Hicks Waldron. Presidente y director general (retirado) de Avon Corporation, Nueva York.

Marcia Zerivitz. Fundadora y directora ejecutiva del Museo Judío de Florida, Miami.

Visítenos en la web:

www.empresaactiva.com

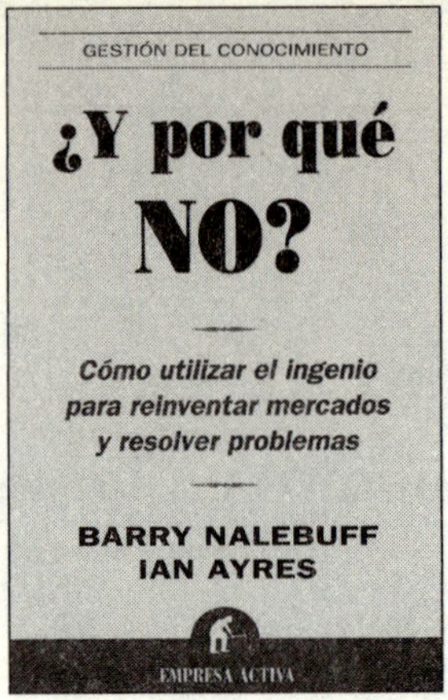

Hay muchas grandes ideas que sólo están esperando a ser descubiertas... ¿Por qué no hacer que los comerciales le paguen a usted por su tiempo cuando le llaman para venderle algo? O, ¿por qué no ofrecer una póliza de seguros contra la devaluación del precio del piso? ¿O cajas negras en los automóviles para reducir accidentes?

La capacidad de crear soluciones nuevas y prácticas no es algo sólo al alcance de unos pocos escogidos. Los autores de este libro nos muestran cómo la innovación es una habilidad que puede enseñarse y adquirirse, mediante una serie de herramientas generadoras de ideas que son tan sencillas como divertidas y efectivas.

Un libro inspirador e ingenioso que nos hará ver las cosas que rodean nuestra vida diaria con una perspectiva diferente y nos ayudará a encontrar nuevas oportunidades de negocio usando nuestra curiosidad natural. Ilustrado con ejemplos de todos los aspectos de la vida, no sólo nos muestra cómo generar ideas, sino, lo que es igual de importante, cómo evaluar su potencial real y cómo sortear las barreras en el camino hacia su aplicación efectiva.

Las grandes ideas están ahí. ¿Está dispuesto a descubrirlas?

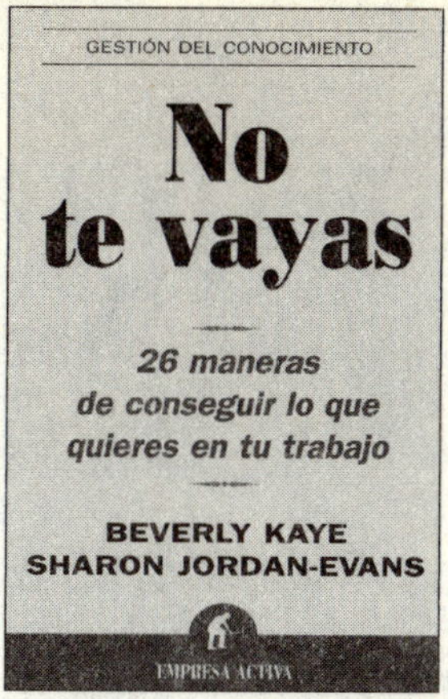

¿Ha llegado a ese punto en que uno dice: me marcho? ¿Ha tirado la toalla y cree que no es posible encontrar satisfacción en su trabajo actual? Cambiar de empleo es arriesgado, difícil... y a lo mejor innecesario. Antes de lanzarse a lo desconocido, pruebe las estrategias que le ofrecen estos especialistas para volver a disfrutar en su empresa. ¿Qué es lo que realmente desea? ¿Recuperar la pasión por el trabajo, aprovechar su creatividad, obtener reconocimiento y respeto, un mejor sueldo, compatibilizar trabajo y familia...?

Todo eso es posible, teniendo en cuenta una serie de conceptos básicos:

- No cambie de trabajo. Lo que necesita se puede conseguir en el mismo lugar en el que está ahora.
- El responsable de su situación laboral es uno mismo. Nadie va a actuar por usted.
- Hay, al menos, 26 estrategias para tomar la iniciativa.
- No espere, actúe.

¿Cuántas veces observamos con frustración que nuestro equipo no da los resultados que esperábamos? ¿Con qué frecuencia no nos queda más remedio que asumir nosotros una tarea que no nos correspondería hacer? En esta encantadora fábula Donna M. Genett emplea una divertida historia acerca de dos primos «idénticos», James y Jones, para ofrecer una solución definitiva para estos problemas.

¡Delega! describe seis pasos infalibles para mostrarle los secretos de la delegación eficaz. Con este método práctico y claro conseguirá aligerar su carga de trabajo y dispondrá de más tiempo para dedicarse a lo que realmente es importante, dentro y fuera de su despacho. Aprender a delegar de una forma eficaz le permitirá mejorar sus resultados, reducir su agotamiento laboral y forjar equipos motivados e imbatibles.